東京オリンピックの社会学

危機と祝祭の2020 JAPAN

阿部 潔

コモンズ

東京オリンピックの社会学●もくじ

問〉をめぐる問いを社会学的に探求することが、ここでの課題である。

第2章「希望の未来へ――「オリンピック・レガシー」という先物取引」では、東京オリンピックへの取り組みの中で喧伝された「オリンピック・レガシー」という理念と実践について、東京オリンピック・パラリンピック競技大会組織委員会（以下「東京オリンピック組織委員会」と表記）の公式文書を題材として検討を加える。オリンピック開催をその場かぎりの祝祭とすることなく、後世へ意義ある遺産・財産を残すようなイベントとして成功させるというその発想は、なぜＩＯＣにとって必要とされたのだろうか。理念として想定され、さまざまな具体的取り組みを通して目指される遺産は、来るべきどのような社会を予見しているのだろうか。東京２０２０オリンピックとの関わりで語られてきたレガシーに潜む問題を「先取りされた未来」という観点から社会学的に追究していく。

第3章「栄光の過去へ――「１９６４年」というノスタルジー」では、一九六四年に開催された前回東京オリンピックとの関連について考える。これまで東京２０２０オリンピックが果たすべき意義や課題が語られるとき、高度経済成長真っ只中で開催された一九六四年大会の盛り上がりと、その成功が日本社会に与えた影響が繰り返し回顧されてきた。二〇二〇年に再びオリンピックを迎える日本にとって、「一九六四年」は目指すべき成功の参照点として位置づけられてきたのである。オリンピックを宣伝したテレビＣＭを題材として過去の成功物語が現在どのように表象されたかを分析することで、昭和の日本に思いを馳せるノスタルジーに見え隠れする未来に向けたシニカルな〈希望〉に託された意味を明らかにする。

〈時間〉を軸に据えた二つの章での議論を通して、東京2020オリンピックを契機として過去と未来がどのようにわたしたちの前に立ち現れつつあるのかが明らかとなるだろう。

第4章と第5章では〈ナショナリズム〉を主題に据えて、どのようなかたちで東京2020オリンピックにナショナリズムの影が見て取れるかを検討する。スポーツとナショナリズムの結びつきについては、これまで多くの研究が積み重ねられてきた。そこから明らかになるのは、オリンピックという世界の祭典は、国際的な交流や協調の機会であるとともに、各国のナショナリズムが発揮される場でもあったという歴史的な事実である。

だとすれば、東京で二回目となるオリンピックと今日的なナショナリズムとは、現在どのような関係に置かれているのだろうか。ここでは、グローバル時代に開催される二〇二〇年大会が果たす役割を、歴史／政治社会学的な視座から探っていく。

第4章「「幻」からの問いかけ――皇紀二千六百年オリムピックの実像」では、一九四〇（昭和一五）年に開催が予定されていたものの戦争のために中止／返上となった「幻のオリンピック」を取り上げる。

一九三六年にオリンピック招致が決定し、それに向けた準備が始められようとしていた当時の日本では、消費社会の成熟という「光」と中国大陸での軍事的緊張の深刻化という「闇」が共存していた。そうした独特な歴史・政治的な状況のもとで、どのような目標に向かって、どのような人びとを担い手として、アジア初となるオリンピックの開催は目指されたのだろうか。当時の人びとは東京にオリンピックが来ることに、どのような夢や期待を託していたのだろうか。

論壇での識者の言葉や座談会での関係者の語りの分析を通して、八〇年前に「幻」と消えたオリンピックを振り返ると、当時といまとの時代状況の大きな違いと同時に、そこに奇妙な共通性が浮かび上がる。「幻」からの問いかけに耳を傾けることで、オリンピックとナショナリズムをめぐる一九四〇年大会と二〇二〇年大会の近さと遠さが見えてくるだろう。

第5章「「現在」からの誘い――ソーシャルメディアという共振」では、日本における今日的なナショナリズムの動静と東京2020オリンピックとの関係について考える。近年の日本では、一方でSNSなどデジタルメディアが人びとの間に普及したことで従来とは異なるコミュニケーション環境が日常風景となり、他方でグローバル化の拡大のもとで近隣アジア諸国との経済・政治的な緊張が高まっている。

こうした今日的な政治・社会的状況のもと、これまでとはいささか様相を異にするナショナルな気分の広がりが見て取れる。デジタル化とグローバル化が交錯する時代潮流の只中で開催される東京2020オリンピック。そこでは、オリンピックに向けて喚起される「みんな」を担い手とした情動的な共振を通して、スポーツイベントとナショナリズムとが「カモフラージュ」として結びつく様子が浮かび上がる。

二つの章で試みられる過去との比較と現代診断から、東京2020オリンピックに潜む独特な〈ナショナリズム〉の深層／真相が明らかとなるだろう。

エピローグ「オリンピックを迎える〈わたしたち〉――どこへ向かうのか？」では、東京2020オリンピックを目前に控えた日本社会の現状を、社会調査データを用いて解き明かしていく。N

ＨＫ放送文化研究所が継続的に実施してきた世論調査と筆者たちが独自に実施した意識調査の結果を踏まえて、招致決定以降に〈わたしたち〉は来るオリンピックをどのように迎え入れようとしてきたかについて考える。

少なからぬ人びとが、一方でさまざまな問題や課題をなかば認識しつつも、必ずしもそれに向き合おうとせず、他方でさしたる根拠もないままに、なにかしら、どこかしら期待を寄せてきた。そうした〈わたしたち〉の実像をデータにもとづき分析していくと、オリンピックへの賛否や関心の有無と「日本社会にとっての意義」への評価とが密接に関連していることが見えてくる。

国家イベント開催を日本にとって意義があると考え、東京オリンピックを積極的に支持する社会層は、どのような人びとから成っているのだろうか。そうした人たちは、なにを根拠としてオリンピックに意義を見出しているのだろうか。おぼろげにも映るオリンビックへと向かう〈わたしたち〉の姿に迫ることを通して、その先に待ち受ける「ポスト２０２０」の日本に思いを馳せてみよう。

みんなが知っていて、だれもがどこかしら楽しみにしている、東京２０２０オリンピック。だが実のところ、〝それ〟がどのような存在であるのかを、だれもハッキリとは分かっていないのかもしれない。本書は、そうした不可思議な東京オリンピックについて社会学的に思索をめぐらす試みである。

第1章

東京にオリンピックがやってくる

なにが問題なのか？

2016年2月に撮影した、青空のもとの新国立競技場用地(上)と、どんよりとした曇り空の福島の避難指示区域(下)

1 「二〇二〇年までに！」の決まり文句

「復興」のためのオリンピック？

二〇一三年九月六日から一〇日にかけてアルゼンチンのブエノスアイレスで開催された第一二五回ＩＯＣ総会の場で、二〇二〇年夏季オリンピック開催都市として東京が採択された。最終選考に残ったイスタンブール（トルコ）、マドリード（スペイン）との激しい招致合戦に最終的に勝利するかたちで「ＴＯＫＹＯ！」との決戦投票結果がアナウンスされたシーンは、当時日本のメディアで繰り返し放映された。安倍晋三首相をはじめとする日本代表団メンバーの歓喜する姿が感動的に伝えられ、それを契機に「東京２０２０オリンピック（Tokyo 2020 Olympic Games）」は一気に日本社会で耳目を集める話題となったのである。

東京を勝利に導いたＩＯＣ総会での立候補都市としての最終プレゼンテーションの特徴は、二〇一六年の第三一回夏季オリンピック開催都市に名乗りを上げながらリオデジャネイロ（ブラジル）に敗れた苦い経験を教訓に、東京開催の実現に向けて「オールジャパン体制」で臨んだことである[1]。安倍首相自らが英語でプレゼンテーションを行い、プロローグでも述べたように「状況は制御されている」と自信たっぷりに説明。その姿は、日々放射能汚染の脅威のもとで暮らすことを強いられていた福島の人びとをはじめ、関係者たちの間に物議をかもした。

また特筆すべき点は、総会での招致活動で皇室関係者が重要な位置を占めたことである。三笠宮彬子《あきこ》氏がIOC委員と懇談の場を持ち、高円宮妃久子《たかまどのみや》氏がプレゼンテーションを行った。このように皇室関係者が前面に出ての招致活動も、それまで見られなかった光景である。そのほかにも、後に未来の首相候補の呼び声高い人気政治家の妻となったタレントの「お・も・て・な・し」とのフレーズによる東京／日本の魅力のアピール、自らも被災経験を持つ現役パラリンピアンによる復興オリンピックの意義を訴える感動的な語り、ユーモアと大袈裟なジェスチャーを交えた猪瀬直樹東京都知事（当時）による滑稽なプレゼンテーション。

こうした用意周到に企画・準備された招致活動の甲斐あって開催都市に採択されたことで、まるで前回の招致失敗というトラウマを解消するかのように、当時の東京／日本はオリンピックをめぐる歓喜と感動に包まれた。

だが、東京でのオリンピック開催が正式に決定し、具体的な準備が進められた当時から現在に至るまで一貫して、ひとつの素朴な疑問が消えることがない。それを端的に言えば「なにのために二〇二〇年に東京でオリンピックを開催するのだろうか」との問いだ。(2) 実のところそれは、二〇一六年大会招致に東京都が動き出した当初から、消えることなく抱かれ続けている疑念でもある。どうしていま、どうして東京で、いったいなにのために、オリンピックを開催しなければならないのか？(3)

東京大会開催の意義を考えていくうえで二〇一六年招致と二〇二〇年招致との決定的な違いは、そこでの「復興」の有無である。二〇一一年三月一一日の東日本大震災とそれに続く福島第一原発事故を受けて、日本社会に大きな喪失感と虚脱感が見る間に広まった。そうしたなか、震災・

原発事故発生からおよそ一カ月後の同年四月一〇日、同日の都知事選で四選を果たしたばかりの石原慎太郎氏は、オリンピック開催都市への再度の立候補に意欲を表明した。当時の日本／東京を取り巻いていた雰囲気のもとで、二〇年に東京でオリンピックを開催する意義として「震災からの復興」が、にわかに前景化されていく。

多くの人が意気消沈し、日本社会が「元気」を失っている時だからこそ、すべての国民に夢と希望を与えるような国家プロジェクトが必要であり、それこそが東京2020オリンピックの開催にほかならない。そうした物言いと喧伝が招致を進める国家や行政機関だけでなく、より広く民間の企業や組織、さらには個々の人びとからも聞こえてくるようになった(4)。当時の社会情勢を思い起こすならば、招致活動に用いられたキャッチコピー「今、ニッポンにはこの夢の力が必要だ。」は、震災直後／招致活動当初の日本社会の世相と、そこでのオリンピック開催の意義づけを端的に表していたと理解される。

こうして、東京でのオリンピック開催は震災からの復興との結びつきのもとで語られるようになった。そこで言及される「復興」には、少なくとも二つの側面が見て取れた。

第一に、オリンピック開催に伴う経済効果に期待する立場である。オリンピック景気のもとで雇用創出や企業の業績向上が果たされ、その結果として復興の速度が速まると唱えた。第二に、二〇二〇年までに復興を果たし、オリンピックの場で世界の人びとに「復興した日本の姿」を披露することが、震災後に寄せられた国際的な支援や援助に対する最大の恩返しであると謳われた。復興に向けて具体的な目標時期を設定したうえで、当時すでに始まっていた復興事業の遂行をより確かなものとするために、オリンピックには絶大な意義があると唱えられたのだ。

しかし、二〇二〇年に首都東京でオリンピックを開催することが東北地方の被災地の復興に実質的にどれほど寄与するのかは、当初からそれほど明確ではなかった。むしろ、東京でオリンピック関連施設・設備の工事が増えることで、東北地方では人手不足が生じるのではないかと当時抱かれていた危惧は、その後現実のものとなる。比較的に労働条件の良い東京での土木関連事業へ人が流れたことで、より低賃金での仕事を強いられる東北地方での復興関連事業を担う労働力は、相対的に減少したのである。それは復興の足枷となった。

さらに言えば、放射能による土壌汚染の除去・除染に数十年単位の歳月を要することを踏まえれば、二〇二〇年までに果たされる復興事業とは、そもそもどのような「復興」なのだろうか。その疑問は、被災地の内外でいまだ消えていない。国際舞台で対外的に美辞麗句を並べ立てるプレゼンテーションであれば、それなりにもっともらしく響いた「復興のためのオリンピック」（以下「復興オリンピック」と表記）は、開催準備が進んでいくにつれて、あまりに空疎で、どこか白々しいお題目であることが明らかになっていく。

「二〇二〇年までに！」

当初から喧伝された「復興オリンピック」の内実を冷静に見極めるならば、多くの疑問が生じざるを得ない。だが、大会開催を間近に控えた現時点から振り返るとき、招致決定以降ある種の統一性のもとに東京オリンピック開催に向けて突き進む態勢が、日本社会にできあがっていったように思われる。

もちろんそれは、強力な指導のもとに押しつけられる有無を言わさぬ「強制（compel）」などではない。むしろ、個別具体的な場面では個人の違いや多様性を十分に尊重したうえで、しかし同時に、だれもがそこから容易に自由にはなれないような雰囲気＝気分を「涵養（cultivate）」することで作動するような統治性（governmentality）として発揮されてきた。来る東京オリンピックは、だれもが当然のこととして受け入れざるを得ない、逆に言えば抗うことを許されない「未来の目標」として人びとの前に立ち現れた。

ここで興味深いのは、そうした雰囲気＝気分が包み込む範疇が当初の「復興」を超えて、より広い社会領域へと拡張していったことである。それは、東京大会開催決定以降、公的機関であれ民間企業であれ、なにかしらの目標や課題を設定するときに、ごく当たり前に「２０２０年までに！」との表現が普及していった様子に如実に見て取れる。そのことは、同じ一〇年区切りでも、かつて用いられた「２０１０年までに！」と比較することで明らかになる。

読売新聞データベース「ヨミダス歴史館」を用いた新聞記事検索の結果、二〇〇四年（二〇一〇年の六年前）一年間における「２０１０年までに」との文字列を含む記事総数は二三件であったのに対して、二〇一四年（二〇二〇年の六年前）一年間における「２０２０年までに」との文字列を含む記事総数は二〇三件であった。同様の検索を朝日新聞データベース「聞蔵Ⅱビジュアル」で行った結果は、七四件と一三六件である。

歴史的な時間経過を一〇年区切りで表現すること自体は、どの時代にも見られる。だが、少なくとも「２０１０年」と比較した際に「２０２０年」という時間／時点は、日本社会を生きる人びとの未来をめぐる「社会的想像」（チャールズ・テイラー）において独自な意味を持つようになったと言える。

当時使われた用法として、「２０２０年までに世界最先端ＩＴ国家に」（内閣官房）、「２０２０年までに日本人留学生を倍増」（日本学生支援機構）、「２０２０年までに高速道路での逆走事故をゼロに」（国土交通省）、「２０２０年までに、ミドリムシの力で空を飛ぶ！」（全日空）、「２０２０年までにお金持ちになる逆転株の見つけ方」（新書タイトル）などがある。多様で雑多な領域で「２０２０年までに」との表現が、まるで決まり文句のように用いられた。その背景に、来る東京２０２０オリンピックが既定事実＝決められた未来として人びとに定着し、各人の多様性や差異を包み込みながら受容されていったという事実があることを見逃してはならない。

先に指摘したように、当初「復興オリンピック」というフレーズに確固たる内実は見て取れなかった。たしかに、大会開催を間近に控え聖火リレーの開始地点が福島に決定され、複数の競技が東北地方で開催されることが報じられ、「復興オリンピック」は喧伝されている。しかし、当初招致の宣伝文句として利用された「復興オリンピック」との理念は、開催決定後しばらくすると後景化していった。

そして、それに取って代わるように当時の人びとの関心と興味を惹きつけるオリンピック絡みの話題が急浮上した。いまとなっては多くの人は忘れているだろうが、オリンピック開催準備に要する経費をめぐるスキャンダルにメディアと世論は沸き立ったのである。それを最も象徴的かつ端的に語るのは、新国立競技場の建設をめぐる一連の出来事である。

次節では、いわゆる「新国立競技場問題」について当時の事態の推移を具体的に振り返る。その目的は、歴史から教訓や反省を引き出すことにあるのではない。むしろ、現在まで続く東京オリンピックをめぐる一連の問題がいったいなにを示しているのかを理解するための手がかりを求めて、この問題について考えていく。

あの出来事以降、今日に至るまで、どうして東京大会に関して次々と問題が起こり続けるのだろうか。世間を呆れさせる不祥事やスキャンダルの深層に、なにが潜んでいるのだろうか。当時、人びとの関心を集めた新国立競技場建設をめぐる事態の迷走ぶりと顛末を詳細に検討することを通して、これまでオリンピック・トラブルが「症候」として映し出してきた現代日本が抱える病理を問うてみよう。

2 新国立競技場のなにが問題だったのか

競技場と景観

二〇一五年一二月二二日、日本スポーツ振興センター（ＪＳＣ）は二〇二〇年東京オリンピックのメインスタジアムとなる新国立競技場の建設計画について、再度のコンペの結果、著名な建築家である隈研吾氏がデザインし、大成建設グループが提出した案を採択することを正式決定。関

に文科省に提出した見積もりで、建設費は三〇〇〇億円超と記されていたからである。

　ゼネコンからの提示を受けて文科省と日本スポーツ振興センターは、観客席の一部を可動式にし、さらに開閉式屋根の設置をオリンピック開催後に先送りするなどの措置による費用圧縮案を提示。見積もり額を二五〇〇億円まで削減することをゼネコン側と交渉していると報じられた（『読売新聞』二〇一五年六月五日）。その後、六月二九日に開催された東京オリンピック大会組織委員会・調整会議の場で、下村五輪相は巨大アーチ構造を残して総工費二五二〇億円で取り組む内容の見直し案を初めて報告した（『読売新聞』六月二九日夕刊）。

　当初の経費膨張への批判を受けて再検討した末に総工費を一六二五億円にするとの決定がなされてからわずか一年あまりの間に、再検討額から八九五億円もの経費膨張が生じる異例の事態を受けて、各方面から批判の声が上がった。以前からザハ案への疑念を提起していた槇文彦ら建築家グループは、具体的な代替デザインを示すことで下村五輪相に見直しを迫った。また、同時期に読売新聞社が行った世論調査の結果では、計画を「見直すべきだ」との意見が八割に達したという（『読売新聞』七月七日）。

　こうした専門家や世論から湧き上がった非難の只中で、日本スポーツ振興センターは七月七日に国立競技場将来構想有識者会議を開催。その場で、巨大アーチ構造を維持する現行デザインのまま総工費を二五二〇億円とする計画見直し案を了承したのである。

白紙撤回と再度のコンペ

だが、最終的に八九五億円の経費膨張を意味する修正案が報じられて以降、反対世論が一気に高まり、オリンピックに関わるアスリートたちからも批判の声が上がった。そうした動向を見て取った安倍首相は、「このままではみんなで祝福できる大会にすることは困難だと判断した」との見解を述べて、建設計画の白紙撤回を決定する(『読売新聞』七月一五日)。最高責任者たる首相自らによる白紙撤回の方針提示を受けて、開閉式屋根の設置や、図書館・フィットネスジムなどの商業施設・設備の断念などが矢継ぎ早に決定され、八月には白紙撤回前の予算額から一〇〇〇億円削減するかたちで、総工費上限が一五五〇億円と決められた(『読売新聞』八月二九日)。また、以前からの交渉事項であった東京都による負担額についても、周辺設備費と合わせて三九五億円とすることで合意が得られた(『読売新聞』一二月一日)。

他方、再度のコンペは九月二日から一八日の期間に申し込みが受け付けられたが、工期短縮のためデザイン・設計・施工を一括発注したこともあり、大成建設などのグループと竹中工務店・清水建設・大林組などのグループの二者の応募にとどまった。その後一二月に、日本スポーツ振興センターは前者から提案されたA案(隈研吾デザイン)と後者によるB案(伊東豊雄デザイン)について外観などを記した技術提案書を一般に公開。競技団体などへのヒアリング実施と審査委員会での検討を経て、最終的に隈研吾案を採択することを正式決定した。

周囲の景観との調和、自然環境への配慮、天然木材の多用などを特徴とする隈によるプラン(7)は、紆余曲折を経たうえでの最終決定となったことによる工期の短さが懸念されたが、二〇一九年一一月三〇日に無事竣工した。しかし、そこに至る過程でスタジアム建設現場の過酷な労働条件が問題視され、工期に追われ、おびただしい残業時間を強いられた建設会社の新人現場監督が自殺に追い込まれる事件が発生した（『朝日新聞』二〇一七年一〇月九日）。一方で「木のぬくもり」に包まれた「杜のスタジアム」をコンセプトに据え、四七都道府県それぞれで採れた杉を材料に使うことが環境／自然への配慮として喧伝されたが、他方でコストが安く違法伐採の疑いのある海外の熱帯雨林材が型枠合板として大量に用いられたことも指摘されている（「毎日新聞」二〇一九年一二月三一日）。

メインスタジアムに「問われた」こと

以上、今日までの経緯を振り返った。この前代未聞の顛末から、なにを読み取ることができるだろうか。

第一に指摘できるのは、オリンピック開催都市の顔とも言えるメインスタジアムの建設をめぐる一連の論争／騒動で、明確な理念や目的は希薄であったという事実だ。たしかに、東京という都市の伝統や景観保全という観点から建築家グループが唱えたザハ案への異議申し立てでは「あるべきスタジアムの姿」が問われたが、大衆的な支持を得られなかった。それとは対照的に、発表のたびに上下する総工費の見通しに対する人びとの憤りや不信は、そもそもオリンピックのメインスタジアムはどうあるべきかよりも、公的資金を無責任に浪費しているかに映る文科省と日本スポーツ振興センターの組織体制、その具体的な責任者である下村五輪相や河野一郎理事長（当時）、さらにコンペの審査委員長を務めた建築家の安藤忠雄氏や日本スポーツ振興センター有識者会議委員の森喜朗氏（現・東京オリンピック組織委員会会長）などへの非難として高まっていく。

こうした一連の事態が、国家プロジェクトを統括する公的機関のガバナンスの問題を曝け出していることは明らかである。その意味で下村五輪相が示した修正案に対する多くの人びとの拒否自体は、民主主義社会での世論のあり方として当然かつ健全だったかもしれない。

ただし、国家行政機関やそこに関わる特定個人への非難や攻撃として事態が推移した結果、そもそもの出発点であったはずの「あるべきスタジアムの姿」について議論は深まらなかった。自然・環境への配慮を前面に打ち出した隈のプランが最終的に採択されると新スタジアムへの世間の関心は一気に収束していったことが、そのことを皮肉にも物語っている。

きわめて端的に言えば、総工費金額の多寡だけがもっぱら焦点となったことで、新国立競技場をめぐる議論は当初の都市景観に関するものから、税金を司る公的機関における金の問題へと変貌を遂げていった。だからこそ公的資金をめぐる問題への国民＝選挙民の不満を和らげるために、安倍首相は巧妙な政治的パフォーマンスとして「一〇〇〇億円の削減」に踏み切ったにちがいない。そのことを念頭に置けば、白紙撤回断行に際して首相が言った「みんなで祝福できる大会にすることは困難」の真意は、要するに多くの人が「金の問題」として納得できない以上、それを押し通すことは政治的に難しいとの心情吐露にほかならない。

なぜなら、「あるべきスタジアムの姿」も「なにのために東京でオリンピックを開催するのか」

も、それまで真剣に議論されておらず、都民・国民の間で二〇二〇年に東京でオリンピックをすることの意味が共有されていないありさまでは、首相が重視する「祝福できる大会」の内実はどこまでも空虚だからである。それでは、多くの有権者から見て「金がかかりすぎない」ものに映るという下世話な判断基準に依らざるを得ない。

もちろん、大会主催者側は東京２０２０オリンピックを開催する意義と理念を公式文書で表明している(8)。だが、そこで唱えられるお題目が多くの人びとの理解と共感を呼び起こしているとは到底思えない。いまの時点から新国立競技場をめぐる一連の騒動を振り返ることで、世紀の祭典へと世界の人びとを招き入れるメインスタジアムのあるべき姿すら、実のところ十分に議論されてこなかったことがあらためて浮かび上がる。東京オリンピック招致決定以降の日本社会を覆う「２０２０年までに！」との不可思議な気分をなかば無自覚に生き続けているわたしたち一人ひとりは、この厳然たる事実を思い起こす必要があるのではないだろうか。

「復興」のためのオリンピックという招致プレゼンテーションでのリップサービスの賞味期限は、瞬く間に切れた。日常と伝統からあまりに乖離した会場建設プランを目の当たりにして建築家や市民団体から投げかけられた「都市景観とメインスタジアム」という問題提起も、いつしか潰えてしまった。そして最後に残ったものと言えば、国家・行政における杜撰なガバナンスが引き起こした「金の問題」への世論の感情的な憤りだけである。このいささかうすら寒い現実に向き合うことが、「２０２０年の日本」へと向かう〈わたしたち〉自身を冷静に分析するうえで確たる出発点になるだろう。

3 「症候」としての新国立競技場問題

経費膨張という「通常」

ここまで論じたように、新国立競技場建設をめぐる文科省や日本スポーツ振興センターの対応への世論の強い反発を受けて首相の政治的判断による白紙撤回へと至った経緯は、文字どおり前代未聞のスキャンダルと言えよう。しかし、ここで認識しておくべき点は、東京2020オリンピックに向けて準備が開始された最初期の段階で起きたこの問題は、近年のオリンピックで生じた諸問題を振り返るとき、ある意味きわめて範例的と言えることだ。

なぜならば、人びとの関心と憤りを引き起こす事態となった、どこまでも高騰していくかに見える経費膨張という奇怪な現象は、実のところ過去にオリンピックを開催した都市の財政を事後的に分析すれば、容易に見て取れるからである(9)。当初計画が白紙撤回に追い込まれた今回の事態は「異例」であったとしても、無責任かつ無節操に経費が膨張していく傾向自体は、オリンピック開催では「通常」のことなのだ。それでは、開催経費をめぐり一般常識では理解に苦しむような事態が、どうして繰り返されてきたのだろうか。

その理由のひとつは、IOCによる開催都市選定の条件として「経費のかからない大会」が求められているからである。現に東京都が提出した立候補申請ファイルでも、都市の安全性と会場のコンパクトさ(各競技会場が集中している)に加えて、既存施設の有効活用による経費削減が謳われていた。「金のかからない大会」を開催する能力がある点をアピールするのは、開催都市に採択されるうえで必要条件なのである。

だとすれば、各都市が申請段階で示す経費見通しが「抑え目」になるのは理の当然であろう。その意味で、申請ファィルに記され、また当初の国際コンペで条件提示された「総工費一三〇〇億円」はあくまで招致競争で優位に立つための戦略的な見積もり額である。実際の総工費はそれ以上になるであろうことを関係者は承知していたにちがいない。

ただし、新国立競技場問題の背景として、申請時の金額と大手ゼネコンによる試算との差額が約二倍とあまりに大きかったことに加えて、その事実が比較的早い段階で世間の目に曝されたことが挙げられる。たしかに白紙撤回は異例であったとしても、必要経費が当初の予算からどこまでも膨張するという現象自体は、過去のオリンピックでもごく自然にまかり通ってきた。だからこそ、東京2020オリンピックの開催準備に関わった者たちは、過去の「教訓」を念頭に置いて、新スタジアム建設に必要な経費の策定に取り組んでいたのだろう。

だが、新国立競技場については、事後ではなく建設準備の初期段階で経費高騰が物議をかもした。そのため安倍首相は、民意を敵に回すことを避けるとの政治的判断のもとで事態収拾を図らざるを得なくなった。そこで狡猾な首相は、自らのリーダーシップの成果を世間に誇示すべく「一〇〇〇億円の削減」を断行したのである。

もっとも、冷静に考えれば、一〇〇〇億円減額した結果である一五五〇億円という数字自体は当初予算に照らして「二五〇億円の増額」であり、本来ならば予算オーバーとして非難されるべき事柄だろう。それにもかかわらず、歯止めなくどこまでも高騰するかに見えた総工費をめぐる狂騒を目の当たりにした後では、安倍首相が誇らしげに演じた「一〇〇〇億円の削減」という政治的パフォーマンスだけが人びとの印象と記憶に残るという皮肉な結果となった。

このようにもっぱら経費だけが焦点化する傾向は、新国立競技場建設問題の後にも引き継がれた。二〇一六年七月の東京都知事選挙でオリンピック会場費用の見直しを公約に掲げて勝利した小池百合子氏は、就任後、会場移転も含めて関連三施設（オリンピックアクアティクスセンター、海の森水上競技場、有明アリーナ）の抜本的な見直しに取り組んだ。それを後押しした都民感情として、「金のかかりすぎるオリンピック計画」への疑問と不満があったことは明らかだろう。

だが結果的に、知事肝いりの調査チームによって四〇〇億円の「節約」は果たされたものの、期待された会場移転は実現しなかった。さらに言えば、当初減額された三施設とも、その後一年も経たないうちに再び六九億円増額されている[10]。こうした経緯を振り返れば、就任直後の「見直し」は政治的パフォーマンスにすぎなかったと評価されても仕方ないだろう。安倍首相と同様に小池東京都知事にとっても、東京２０２０オリンピックをめぐる問題とは、結局のところ自らの立場と影響力を保持するために都民に有効にアピールできるかぎりで意味を持つにすぎない。

「だれにとって」の背景

新国立競技場問題が曝け出した経費をめぐるスキャンダルは、これまでのオリンピック開催都市の準備への取り組みを振り返るとき、特段目新しいものではない。だとすれば、どのようにして当初計画での「抑え目」の経費見通しからの膨張は生じるのだろうか。

第一に考えられること、そして多くの関係者が自己弁明として述べることは、開催決定以降の政治・経済的な状況変化である。たとえば、国際的なテロの危険性が高まることで、セキュリティ関連の予算が一挙に上昇する場合などが考えられる。[11] また、インフレ率の増加など開催国の経済状況の変化も、予算膨張を引き起こす要因として指摘されてきた。

だが、第二に指摘できるより重要な点がある。それは、オリンピック開催にかこつけて、それに便乗することをあらかじめ見越したうえで、大会や競技に直接関係のない予算が関連経費として上乗せされる結果、最終的に経費が大幅増となる事態である。具体的には、都市のインフラ整備や関連施設・設備の増改築、さらに特定地区の再開発やジェントリフィケーションが、オリンピック開催の名のもとでなかば強引に推し進められてきた歴史が挙げられる。[12]

東京２０２０オリンピックも、その例外ではない。招致決定以降、東京都にとって長年にわたる懸案事項であった東京ベイエリア再開発との関連を見越して、オリンピック選手村予定地に選定された晴海地区周辺では、中央区のイニシアティブのもとで再開発事業が推し進められていった。[13] そうした動きが、隣接する豊洲地区への「築地市場移転」と一体となった、官民挙げての大規模な再開発事業であることは、あらためて言うまでもない。[14]

では、こうしたオリンピック関連予算の膨張は、結局のところ「だれにとって」メリットがあるのだろうか。それを考えるうえで、近年のオリンピック開催準備・実施を「だれが担って」いるかに目を向けることが必要だ。ＩＯＣへの申請資格を持つのは特定の都市であるが、現在オリンピック開催は国家的なプロジェクトと化している。[15] さらに、具体的な準備・開催には国家や地方自治体だけでなく民間の企業や関係者も数多く参画する。

たとえば、二〇二〇年の東京オリンピック開催の公式主体である東京オリンピック組織委員会は公益社団法人として登記されており、その評議員・役員・顧問には安倍首相をはじめとする行政関係者や競技団体関係者とならんで、御手洗冨士夫氏（キヤノン代表取締役会長ＣＥＯ）など経団連関係者や財界有力者が名を連ねている。「スポーツと文化の祭典」であるオリンピックが実際には政界・経済界の有力者の意向と思惑のもとで催されるメガイベントであることは、すでに周知の事実だろう。

オリンピックを取り巻く政治と経済の現況を踏まえれば、現在のオリンピックが「だれにとって」開催されているかを問われたとき、素朴に「アスリートのため」や「未来を担う子どものため」と答えることは、あまりにナイーブすぎる。[16] 四年に一度開催される世界の祭典は、はるか以前から巨大な利益を生み出すビジネスであり、それがもたらす利益を求めて多方面にわたる利害関係者（ステークホルダー）が蠢《うごめ》き合う舞台にほかならない。[17] 新国立競技場問題が白日のもとに晒したオリンピック関連経費の際限なき高騰という異様な事態の背景に、今日的な「ビジネスとしてのオリンピック」という現実を冷静に見て取る必要がある。[18]

ＩＯＣと契約を交わした「ワールドワイドオリンピックパートナー」には、Ｖｉｓａ、トヨタ、コカ・コーラ、オメガ、パナソニックなど一四のグローバル企業が名を連ねている。また、「東京２０２０オリンピックゴールドパートナー」には、Ａｓａｈｉ、Ａｓｉｃｓ、東京海上日動、三井住友銀行、ＮＴＴなど一五社、「東京２０２０オリンピックオフィシャルパートナー」には、ＪＲ東日本、東京ガス、ＡＬＳＯＫ、ＡＮＡ、朝日新聞、リクルート、アース製薬など多様な業界から三二社の有力企業が名を連ねた。

これら多額の資金提供を担う企業スポンサーは、世界中の注目を集めるオリンピックの場で自社を宣伝し広告をする権利を大会主催者側によって保障・保護されている(19)。ＩＯＣや東京オリンピック組織委員会にとって、企業との契約は主たる収入源であると同時に、オリンピックの準備・実施を通して、それら協賛企業の利益確保が当然ながら求められる。こうしてビジネス界との密接な連携のもとでオリンピックが開催されていることを踏まえるならば、華やかな世紀の祭典が実際のところ「だれにとって」なされているかの答えは、スポーツを愛好する一般の人びとが考えるほど単純明解ではない。

「ビジネス」の影

オリンピックの招致・準備・開催においてビジネス界の利害が大きく影響を及ぼしているのだとしたら、東京２０２０オリンピックに向けたこれまでの取り組みで、それは具体的にどのようなかたちで現れてきたのだろうか。そこに、どのような問題が潜んでいたのだろうか。

この点を考えるうえで、近年、オリンピックなど国家プロジェクトの取り組みに採用されるＰＰＰ(Public-Private Partnership：官民連携)という体制について検討しよう。ここでＰＰＰを論じる理由は、それが公共事業を遂行するうえで経済的に有効かどうかを問いたいからではない。オリンピックという国家イベントを準備するうえでPPP体制を採ることが、「だれにとってのオリンピック」にどのような影響を及ぼすのかを明らかにするためである。

オリンピックのマネジメントについて論じた先行研究では、各種の事業遂行と組織運営にPPPが取り入れられることの功罪が議論されてきた[20]。そこでの主張のポイントを要約すれば、準備と実施のプロセスに取り入れられることで、民間企業にはより多くの利益を得るチャンスがもたらされ、公的機関は事業実施に伴うリスクや不利益のツケを払わされる可能性が高まるとの指摘である[21]。

近年のオリンピックに共通して見て取れる関連経費が膨張するという傾向は、PPPのもとでの民間企業と公的機関の独自な関係性を念頭に置いて検討する必要がある。要するに、オリンピック開催の名のもとに「官と民の協力と連携」をスローガンに掲げて、大会に直接・間接に関わる幾多の事業が一気に取り組まれる結果、当初の予算計画を超えるかたちで事業規模はどこまでも拡大していく。その理由は、予算規模の拡大の中に民間企業はより多くのビジネスチャンスを見出すからだ。

しかし実際には、新設した施設・設備の大会後の利用見通しが立たないなど、関連事業が不首尾に終わるケースが過去にたびたび生じた。その際にコストを負担するのは、協力・連携した民間企業ではなく、本来の事業主体である公的組織となる。要するに、大会後に残された負債は税金によって補填されるわけだ[22]。

非常に乱暴な言い方をあえてすれば、PPP体制によって利益が得られる場合にのみ民間企業

(private)は積極的に連携し、それが見込めない、あるいは損失が生じると判断した際には躊躇なく手を引く。その結果、残された債務と課題は公的機関(public)に押しつけられる。そうした歪《いびつ》な関係(partnership)のもとでオリンピックでのＰＰＰ体制がこれまで稼働してきたという事実を、先行研究は鋭く指摘している。

これまでの東京２０２０オリンピックに向けたさまざまな取り組みにも、ＰＰＰ体制に独自な官と民の関係性が見られる。たとえば、晴海地区に設置される選手村については、東京都が所有する土地を利用して九五四億円の予算規模で民間業者が施設・設備を建設することが、ＩＯＣへの申請段階から明記されていた。さらに、二〇一四年一二月の段階ですでにオリンピック後の選手村跡地の開発計画が公表されており、それによれば五〇階建ての超高層タワー二棟と一四～一七階の板状住宅棟二二棟(計六〇〇〇戸)と四階建ての商業施設の建設が予定されていることが報じられた[23]。この計画を受けて二〇一五年三月には、三井不動産レジデンスらのグループが東京都と共同で施設内容や導入機能などを検討する事業協力者に選定された[24]。

国や東京都が直接経費を負担する事案ではないため、新国立競技場をめぐる問題のように世間の注目を集めることはなかったが、公的な土地を利用しての選手村の建設、さらに大会後の高層住宅と商業施設の建設は、民間企業にとってオリンピックの名のもとに遂行される大きなビジネスチャンスである。まさにＰＰＰ体制による東京２０２０オリンピック関連事業の典型例と言える。

東京オリンピックの開催が正式決定して以降、すでに晴海地区をはじめとする東京ベイエリア周辺の不動産価格は高騰している。選手村跡地の開発計画の発表と具体的な業者の選定は、そうしたマンション価格高騰の動きに拍車をかけるものであった[25]。実際にその後の不動産価格は順調に上昇を続け、オリンピック開催を半年後に控えた時点での首都圏新築マンションの平均価格は、バブル最盛期以来二九年ぶりとなる高値(五九八〇万円)を記録するに至った(『日本経済新聞』二〇二〇年一月二二日)。

こうしてPPP体制のもとでの選手村準備とその後のマンション開発・販売は、民間企業にとって大きな利益を得る機会となった。さらに驚くべきことに、選手村建設最中の二〇一六年一二月に東京都は、所有していた用地を三井不動産、住友不動産など一一社グループに周辺基準地価の一〇分の一という破格の値段(総額一二九億六〇〇〇万円)で譲渡する契約を結んだのである。こうした一連の事態の推移を振り返ると、大会開催準備にPPP体制で臨むことが「だれにとってのオリンピック」を推し進めているのかは、自ずと明らかだろう。

オリンピック開催に伴う好景気に期待する立場からは、東京ベイエリアの不動産価格上昇は歓迎すべきことであろう。だが、当初から専門家の間では今後の見通しについて慎重な意見も出されていた[26]。業界関係者からは、マンション価格は上昇したが、他方で価格の高止まりによって販売戸数は停滞していることが、将来への不安をもって指摘されている。これまでのところ、オリンピック・バブルは不動産市場の活況というビジネス利益を生み出したものの、選手村がオリンピック・レガシー＝遺産となる二〇二一年八月以降の市場動向にどのような変化が生じるのか、さらにベイエリアの大規模開発がどのような帰結を迎えるのかは、現時点では不透明である。

このようにＰＰＰ体制の具体事例を検討することで、これまで東京２０２０オリンピックに向けた諸準備において、実際のところ「だれにとって」の利益が重要視されてきたかを読み解く糸口が得られるだろう。

官民連携のもとで国家的プロジェクトが推進されるかぎり、そこでは豊富な資金の担い手である民間企業の利益が当然ながら反映される。大会開催期間に選手村として一時利用された後に改築・増築を施され、輝かしい東京オリンピック・レガシー＝高層マンション群として販売される物件を準備・建設するうえで、開発主体である企業側の意向と方針が最優先されるであろうことは想像に難くない。それゆえ、時価の一〇分の一という常識では考えられない法外な値段で民＝デベロッパーへの土地譲渡が、官＝東京都の手によってなされたのである。

ここから見えてくるのは、オリンピックという国家／都市が主催するイベントに伴う具体的な各種事業は、その多くの部分がビジネス界の利害に照らして進まざるを得ないという厳然たる事実である。だからこそ、東京オリンピック組織委員会に多くの企業関係者が名を連ねているのであり、文科省や日本スポーツ振興センターがその意向を最優先する方向に流れがちなのは、ある意味理の当然である。

この点を踏まえれば、世間一般の基準から見て奇怪にしか映らない新国立競技場建設費の度重なる高騰に対して、文科省や日本スポーツ振興センターが初期段階で毅然とした態度を取ることができず、その後も重要局面での対応で組織としてのガバナンスを欠くかのような迷走ぶりを露呈したことの理由も、容易に理解できるだろう。

最高責任者たる首相によって白紙撤回がなされるという前代未聞の事態によって曝け出された真実とは、関係省庁における官僚制の弊害でも、そこに関わる個人の資質の問題でもない。オリンピックという国家イベントを準備・開催するうえでビジネス界の協力が絶対的に不可欠であり、それを前提として取り組まれる各事業にはガバナンスをめぐる危うさが常に付きまとうという現実である。なぜなら、そこには明に暗にビジネスの影が映らざるを得ないからである。

「症候」を引き起こすもの

このようにオリンピック開催決定からの出来事を振り返ると、世間の注目を集めた新国立競技場問題は、東京2020オリンピックへ向かおうとしていた当時の東京／日本が抱える問題を「症候」のごとく呈していたと理解できる。当初計画から大幅に予算が膨張したが、それを統括する責任主体と組織は期待されるようなガバナンスを発揮できなかった。その背景に、国家プロジェクトが実際には民間の私的利害を反映した体制のもとで遂行されている事実が見え隠れする。

ここで興味深いのは、そうした不都合な事実を隠蔽するかのように政府をはじめすとる担い手側が、不祥事や難題が露呈するたびに、過剰なまでに「みんなのオリンピック」を演出しようと躍起になっていた様子である。たとえば、新国立競技場問題の顛末において日本スポーツ振興センターは、仕切り直しのコンペ結果を正式発表する前の段階で、ゼネコングループから提出された二つの案をいささか唐突に世間に公表した。さらに、インターネットを通じて「国民の意見」を聴取する姿勢をアピールしたのである。不祥事の事後対応として国民みんなに開かれたガバナンスのあり方をなんとしても世間に示そうとする涙ぐましい努力が、そこに見て取れた。

　こうした国民＝みんなの意見へのおもねりの例としてより典型的なのは、オリンピック・エンブレムをめぐるいわゆる「盗作疑惑」への対処である。

　二〇一五年七月に東京２０２０オリンピック公式エンブレムは、コンペによってアートディレクターの佐野研二郎氏の作品に決定した。当時、開催までの五年間にさまざまな機会で世界に向けて東京オリンピックを広報するシンボルともいえる大会エンブレム決定は、人びとに大きな注目をもって迎えられた。ところが、決定直後にベルギーのデザイナーが佐野氏の作品が自身のものと酷似していると指摘したことが物議をかもし、その後ネット上では、佐野氏による過去の数作品が他人のデザインと似ていることがまことしやかに取りざたされた。そして、瞬く間に「オリンピック・エンブレム盗作疑惑」が世間を賑わす事態となる。

　騒ぎの深刻化を受けて東京オリンピック組織員会事務局は、佐野氏デザインの公式エンブレムの使用を白紙撤回し、二〇一五年一〇月に再度の公募を実施する方針を発表。国際的な大会での受賞経験などがなければ応募できないほどに厳しかった前回コンペの参加資格に批判が高まっていたことを受けて、新たな公募では参加要件が大幅に緩和され、条件さえ整えれば「子どもでも応募できる」コンペの開催となった。

　その甲斐あって、応募数は一万四五九九作品（その中で条件を満たした作品一万六六六点）にものぼる。事務局はオリンピック・ロゴへの世間の関心が大きいことを喧伝するとともに、みんなのアイデアを正面から受けとめた東京オリンピック組織員会の開かれた姿勢を世にアピールできたのだ[27]。

東京オリンピック組織員会は再度のコンペに際して、ネット上に「東京2020大会エンブレムデザイン募集のご案内」を公開。審査項目ならびにエンブレム委員会のメンバーを告知した。こうした一連の広報活動で目指されていたのは、最近流行りの組織ガバナンスに求められる「透明性(transparency)」と「説明責任(accountability)」にほかならない。

だが端的に言って、それは見せかけにすぎない代物であり、そのことが望ましいエンブレムの選定にどの程度寄与したかは定かでない。なぜなら、クオリティの高い作品を選ぶコンペ実施で主催者側に求められるのは「子どもでも応募できる」条件の設定ではなく、高度な専門知識と技能を持った人びとによって熾烈な競争が繰り広げられ、その結果として優れた作品が多く提案されるように応募条件を整えることだからである。その点を踏まえれば、コンペを「子どもでも応募できる」ようにすることが質の高いデザイン採択に直接結びつくわけではないことは、それこそ子どもの目にも明らかだろう。

にもかかわらず、東京オリンピック組織員会は「開かれた応募」の実現にこだわった。東京オリンピックに取り憑く「症候」のひとつが、ここに如実に見て取れる。そこに浮かび上がるのは、実際には一部関係者の利害や思惑で物事が決まる現行の体制を根本的に変えることなく、見せかけの「公開性」と「透明性」を演出することで、本当のところ「だれにとって」それがなされているのかを体よく隠蔽しようとする組織の本音である。

オリンピック絡みのスキャンダルや不祥事が矢継ぎ早に表面化した当時の危機的状況を受け

て、責任主体が過剰なまでに「みんなに」開かれたかたちで「みんなで」問題解決を目指そうとした姿勢は、新国立競技場建設計画の白紙撤回の際に安倍首相が口にした「みんなに祝福される」との言葉と寸分違わず、みごとに響き合っている。実際には理念も夢も希薄な状況であるにもかかわらず、なんとしても「2020年の日本」に向けて国民と社会を前に進ませようとする計算高い政治の狡知が、そこに不気味に見て取れた。だが、安倍首相や日本スポーツ振興センターの政治的パフォーマンスは、そうまでして「みんな」を強調する必要に迫られるほどに、東京2020オリンピックに自発的求心力が欠けている様を実のところ示してもいたのだ。[28]

当時世間の注目を集めた新国立競技場問題もエンブレム「盗作疑惑」もともに、東京2020オリンピックへ向かおうとする日本社会の「症候」を表していた。オリンピックに向けた準備が動き出した当初に巻き起こった一連の騒動を現在の時点から振り返ることで見えてきたのは、開催決定以降「2020年までに！」とのスローガンのもとで、あらかじめ決められた「未来の目標」へと突き進んできた〈わたしたち〉自身の不可思議な姿である。

東京2020オリンピックという世紀のメガイベントを催そうとする一連の悲喜劇的なプロセスを通して、現在の日本社会の窮状が浮かび上がる。オリンピックを間近に控えた日本は、なにかしらの病状を呈しているのではないだろうか。一見すると、多くの人びとが漠然とであれ夢と希望を託しているかに見受けられる「2020年の日本」の自画像には、この社会が抱え込んできた根深い絶望が同時に投影されているのではないだろうか。こうした問題意識のもとで、〈東京2020オリンピック〉と〈わたしたち〉について探究することが本書の目論見である。

（1）猪瀬直樹『勝ち抜く力——なぜ「チームニッポン」は五輪を招致できたのか』PHPビジネス新書、二〇一三年、松瀬学『なぜ東京五輪招致は成功したのか?』扶桑社新書、二〇一三年。

（2）もちろん大会主催者側は「2020東京オリンピック」を開催するうえでの理念や目的を公式に提示している。IOCに提出された立候補申請ファイルでは「Discover Tomorrow～未来(あした)をつかもう～」が大会理念として掲げられ、正式決定後の東京オリンピック組織委員会公式ホームページでは、以下のように「ビジョン」が記されている。「『すべての人が自己ベストを目指し(全員が自己ベスト)』、『一人ひとりが互いを認め合い(多様性と調和)』、『そして、未来につなげよう(未来への継承)』を3つの基本コンセプトとし、史上最もイノベーティブで、世界にポジティブな改革をもたらす大会とする」。だが、開催決定から現在に至るまで、主催者側が提唱する理念やビジョンが多くの人に理解され、その趣旨が共有されているとは到底思われない。

（3）オリンピック開催に懐疑的・否定的な立場からのこの問いに対する「答え」の典型例は、オリンピック開催を契機に長年の懸案事項である臨海副都心開発を一気に加速させようとする政治・経済的な意図を読み取るものである。たとえば、『インパクション』一九四号「特集 返上有理! 2020東京オリンピック徹底批判」二〇一四年、滝口隆司「東京の五輪招致活動検証——「真の目的」は何だったのか——」『現代スポーツ評論』二一号、二〇〇九年、一六〇～一六三ページ、町村敬志「メガ・イベントと都市空間—第二ラウンドの「東京オリンピック」の歴史的意味を考える—」『スポーツ社会学研究』一五号、二〇〇七年、三～一六ページ、「メガ・イベントと都市開発—「時代遅れ」か「時代先取り」か—」『都市問題研究』二〇〇八年一一月号、三～一七ページ。

（4）建築家の安藤忠雄による東京オリンピック開催の意義をめぐる以下の発言は、その典型例と言える。安藤は東京大会の意義について「日本は今、すべての面で下降線をたどっていると言われています。だからこそ刺激剤が欲しい。五輪開催が、ただちに景気回復につながるとは思いませんが、日本人の心を高揚させ、日本がもう一度力強さを取り戻す「きっかけ」にはなるのではないでしょうか」と述べた（『読売新聞』二〇一三年一月一〇日）。

（5）槇文彦・大野秀敏編著『新国立競技場、何が問題か——オリンピックの17日間と神宮の杜100年』平凡社、二〇一四年、森まゆみ編『異議あり！新国立競技場——2020オリンピックを市民の手に』岩波ブックレット、二〇一四年。

（6）コンペで審査委員長を務めた安藤忠雄は、建設費の膨張問題に対する世論の批判を受け二〇一五年七月一六日に記者会見を開いた。それに先立ち発表されたコメントでは、採用されたザハのデザインについて「スポーツの躍動感を思わせる、流線型の斬新なデザイン」であり、そこには「構造と内部の見事な一致があり、都市空間とのつながりにおいても、シンプルで力強いアイデア」が提示されており「大胆な建築構造がそのまま表れたアリーナ空間の高揚感、臨場感、一体感には際立ったもの」があったことを評価の根拠として挙げた。そのうえで、基本設計にもとづく概算総工費が一六二五億円となったことを受けて「この額ならばさらに実施設計段階でコストを抑える調整を行なっていくことで実現可能と認識した」と述べ、それ以降の「大幅なコストアップにつながった項目の詳細について、また、基本設計以降の実施設計における設計プロセスについては承知しておりません」と述べ、日本スポーツ振興センターには「更なる説明が求められている」と指摘し、自らの責任を否定する旨の見解を伝えた。

（7）隈研吾『なぜぼくが新国立競技場をつくるのか——建築家・隈研吾の覚悟』日経BP社、二〇一六年。

（8）東京オリンピック組織委員会が基本コンセプトのひとつとして掲げる「全員が自己ベスト」という理念は、安倍政権が掲げる「一億総活躍社会」のビジョンと通じるものである。要するに、一人ひとりがその人なりの能力を最大限発揮する社会が「これからの日本」に相応しいとする発想がそこに見て取れる。だが、その内実はあまりに曖昧模糊として、とらえどころがない。

（9）Short, J. (2008), Globalization, cities and the Summer Olympics, *City*, 12 (3): 321-340.

（10）「日経アーキテクチュアＷｅｂ版」二〇一七年一一月一四日。

（11）二〇〇一年の「九・一一同時多発テロ」後初めての夏季大会となった二〇〇四年アテネ大会が、この事例に典型的に当てはまる。Samatas, M.（2011）, Surveilling the 2004 Athens Olympics in the aftermath of 9/11: International Pressures and Domestic Implications, in Bennett, C. and K. Haggerty eds.（2011）, *Security Games Surveillance and Control at Mega-Events*, London: Routledge: 55–71

（12）老川慶喜編著『東京オリンピックの社会経済史』日本経済評論社、二〇〇九年、Hiller, H.（2007）, Post-event Outcomes and the Post-modern Turn: The Olympics and Urban Transformations, *European Sport Management Quarterly*, 6（4）: 317-332, Muñoz, F.（2006）, Olympic urbanism and Olympic Villages: planning strategies in Olympic Host Cities, London 1908 to London 2012, *The Sociological Review*, 54（2）: 175–187.

（13）晴海地区将来ビジョン検討委員会『晴海地区将来ビジョン　中間取りまとめ』東京都中央区役所都市整備部地域整備課、二〇一四年、「選手村予定地に地下鉄構想、五輪後の住宅整備見込む」『日経コンストラクション』二〇一五年六月一二日。

（14）「区画制度と再開発」という視座から東京都による晴海地区・豊洲地区の再開発事業を詳細に分析・検討し、そこに潜む問題を徹底的に探求した研究として、以下のものがある。岩見良太郎・遠藤哲人『豊洲新市場・オリンピック村開発の「不都合な真実」——東京都政が見えなくしているもの』自治体研究社、二〇一七年。

（15）近年では、オリンピック開催に要する資金・施設を賄うことができる都市は世界でも限られた数になりつつあることが指摘されている。Short, J. op.cit.　前掲（3）「メガ・イベントと都市開発―「時代遅れ」か「時代先取り」か―」。

（16）小池東京都知事をはじめとして「アスリート・ファースト」は盛んに口にされるが、その内実は曖昧である。さらに、二〇一九年一一月にＩＯＣによる突然の決定で東京２０２０オリンピックのマラソン会場が札幌に変更された事例が示すように、オリンピックでの重要事項は競技者たちの意見や意向をなかば無視するかたちで決定／推進されることが珍しくない。その意味で「アスリート・ファースト」とは、実際のアスリート以外の関係者が自らの立場を正当化する際に都合よく用いる方便だと言えなくもない。

(17) 天野恵一編著『君はオリンピックを見たか』社会評論社、一九九八年。

(18) Short, J. op.cit.: 321-340, Surborg, B., Van Wynsberghe, R. and Wyly, E. (2008), Mapping the Olympic growth machine, *City*, 12 (3): 341-355.

(19) 立候補申請ファイルの記入項目「7 マーケティング」では、スポンサー企業に対する屋外広告スペースや公共交通機関での広告スペース確保の詳細や、「アンブッシュ・マーケティング」(公式スポンサー契約を結んでいない企業による便乗的宣伝広告活動)防止への具体的取り組み方法を明記することが義務づけられている。ここからも、IOCにとって企業スポンサーの利益を保護することがいかに重要視されているかが確認できる

(20) Boykoff, J. (2014), *Celebration Capitalism and the Olympic Games*, London: Routledge.

(21) Raco, M. (2014), Delivering Flagship Projects in an Era of Regulatory Capitalism: State-led Privatization and the London Olympics 2012, *International Journal of Urban and Regional Research*, 38 (1): 176-197.

(22) 石坂友司・松林秀樹編著『〈オリンピックの遺産〉の社会学——長野オリンピックとその後の十年』青弓社、二〇一三年。

(23) 東京都報道発表資料「「選手村 大会終了後における住宅棟のモデルプラン」について」(二〇一四年一二月掲載)、「東京都／オリンピック後の選手村跡地に商業施設」『流通ニュース』二〇一四年一二月二〇日。

(24) 「東京都／晴海選手村整備(中央区)／事業協力者に三井不レジら13社グループ」『日刊建設工業新聞』二〇一五年三月三〇日。

(25) 「東京五輪バブルが始まった」『アエラ』二〇一三年九月三〇日号、「東京五輪で高騰するマンション実名

リスト」『週刊朝日』二〇一三年九月二七日号、仲野博文「2020年東京オリンピック狂騒曲」(第1~10回)DIAMOND online、二〇一四年。

(26)「特集 ビッグイベントと不動産経済」『日本不動産学会誌』二八巻一号、二〇一四年。

(27) 東京オリンピック組織委員会「エンブレム選考特設ページ」https://tokyo2020.jp/jp/emblem-selection/(二〇一六年一月二日閲覧)

(28) 二〇二〇年の東京オリンピックの目的や意義を考えるうえで、一九六四年の東京オリンピックとの比較が有効である。周知のようにそこで託された意義は、戦後日本が敗戦からの復興を遂げた姿を世界に示し、国際社会の一員として再度認められることであった。その「夢」が多くの人びとの心をつかんだからこそ、一九六四年の東京オリンピックは、その後「戦後日本の復興と成長のシンボル」として語り継がれた。だが、東京2020オリンピックは、前回のように多くの人びとの夢を喚起するには至っていないように見受けられる。この点に関して東京オリンピック開閉会式のチーフ・エグゼクティブ・クリエーティブ・ディレクターの野村萬斎氏は、テレビ番組『1964TOKYO 知られざるオリンピック』(NHK BS1スペシャル、二〇一九年三月三一日放送)で、前回の東京大会との対比で二〇二〇年のオリンピックの受けとめ方について語るなかで「(国民のあいだでの)ウェルカム感が六四年と比べたら全然違う」と開閉会式のプロデューサーに臨む自らの複雑な心情を吐露している。

第2章

希望の未来へ

「オリンピック・レガシー」という先物取引

マンション新築ラッシュのような選手村

1 オリンピックになぜ「レガシー」が求められるのか?

近年、オリンピック開催との関連で「レガシー(legacy)=遺産」という言葉が頻繁に用いられる。二〇一六年八月に開催された第三一回リオデジャネイロ大会の公式ウェブページでは、「レガシー」に関して以下のように記されていた。

「二〇一六年リオデジャネイロ大会は、単なるスポーツイベントではありません。それは、リオデジャネイロにとってだけでなくブラジル全体にとって、レガシーを残すことでしょう。その遺産は、教育・文化・持続可能性などを含む多種多様な領域に及ぶものなのです」(https://www.rio2016.com/en/legacy、原文英語)

このように開催都市・国家にとって、オリンピックを後世に向けて意義ある遺産を残す国家プロジェクトとして位置づけることは、いまでは当たり前となっている。だが、どうしてオリンピックの招致・開催でレガシーが重要だとされるのだろうか。なにゆえに、オリンピックは華やかなスポーツの祭典であることに加えて、開催都市・国家になにかしらの遺産を残すイベントであることを求められるのであろうか。

その理由は、第二次世界大戦後の近代オリンピックの変貌の歴史を振り返ることで、明らかとなるだろう。広く知られているように一九三六年のベルリン大会(ドイツ)は、ヒトラー率いるナチスが主導したきわめて政治色の強いオリンピックとして人びとに記憶された。続く四〇年大会は東京での開催が決定していたが、日本軍の中国大陸侵略により「返上」。一度はヘルシンキ(フィンランド)の開催が決定されたが、その後の世界情勢のさらなる悪化により開催自体が見送られた[1]。続く四四年大会は、ロンドン(英国)での開催が予定されていたが、厳しさを増す戦況の最中で再び中止を余儀なくされた。

こうした戦時期における軍事・政治的な世界情勢に翻弄されることで生じたオリンピック開催の危機という苦い経験を経て、第二次世界大戦後のオリンピックは一九四八年のロンドン大会から再開された。全世界を巻き込んだ未曾有の大戦を経験した当時に、オリンピックというスポーツの世界的な大会が同時に平和の祭典として期待されたことは想像に難くない。しかし、そうした理念への期待とは裏腹に、実際には戦後の東西冷戦構造と地域紛争がオリンピックに暗い影を落としてきたことは、これまでに諸研究が明らかにしてきたとおりだ[2]。

大国間のイデオロギー対立による政治のスポーツへの介入とならんで、戦後オリンピックに突きつけられた大きな課題は、開催を重ねるごとに巨大化するスポーツイベントを長期間にわたり準備し、世界から多くの人びとを招いて成功させるうえに要する関連経費の高騰であった。大会ごとの参加国数・人数の増加は、オリンピック運動(Olympic Movement)の発展を意味する。だが、同時にそれは、開催都市・国家の莫大な経済的負担を意味する。その結果、無事に大会を終えたとしても、その後の都市財政に深刻な影響をもたらすようになる。

この問題の典型事例は、一九七六年のモントリオール大会(カナダ)である。オリンピック開催により膨大な財政赤字を抱えたモントリオール市は、その負債を三〇年以上にわたり背負うことを余儀なくされた。その後、日本を含む多くの西側諸国がボイコットした八〇年のモスクワ大会

（ソ連）を経て八四年のロサンゼルス大会（米国）では、オリンピックの準備・開催がすべて民間の手で賄われた。その結果、黒字計上という成功を収めたのである。

　民間主導の理念と方法は、当時からオリンピックとスポーツを商業化する道筋をつけたと非難された。とはいえ、オリンピックの商業化の是非を論じる際には、ロサンゼルス大会で徹底した民営化・商業化がなされた背景に、モントリオール大会に代表される従来の開催都市が経験した深刻な財政問題があったことを見逃すべきではないだろう。

　以上見てきたように、戦後の近代オリンピックが直面した課題のひとつが資金問題であったことを理解すると、現在オリンピック招致に際してレガシーの意義がことさらに唱えられる理由が明らかになるだろう。大会に伴う経費高騰と、それが都市財政にもたらす悪影響は、開催都市の市民・国民の不満と非難を引き起こしてきた。多くの場合で多額の公的資金を用いて準備・開催されることを踏まえれば、それは当然だろう。

　生活者・納税者の立場からすれば、たとえオリンピックが四年に一度の世界のスポーツの祭典であったとしても、わずか二週間ほどの開催期間のために、その後の自分たちの日常生活が窮地に追いやられるのは、容易に受け入れがたい。多大な経費を用いて大会を開催しても、その後になにも残らないならば、市民・国民に対して「オリンピックを開催する意義」を明確に示せないのだ。

　こうした事情を背景として、開催都市・国家にとってなにかしら有益な遺産を残し、継承することを目標に掲げるオリンピック・レガシーという理念が提唱されたのである[3]。たとえば、開会式や陸上競技の主要会場となるメインスタジアムについて言えば、大会期間中のみ利用される巨大施設に終わらせるのではなく、大会終了後も多目的利用(コンサートやイベントの会場としての使用)が可能な総合型施設として建設することが、あらかじめ計画される。

オリンピック期間中の使用のためだけに造られた巨大施設は、その後の使い道がなく大きな姿だけが残ることから、ときに揶揄を込めて「白い巨象(white elephant)」と呼ばれてきた。終了後に「白い巨象」を生み出さないように、招致計画の段階から競技関連施設の有効利用の慎重な検討が求められる。たとえ莫大な公的経費を要するとしても、大会後に豊かな遺産が各方面で残されるならば、オリンピック開催には相応の意義がある。

それを明確に示すキャッチフレーズが、オリンピック・レガシーなのである。その意味で、各方面でレガシーを残すという理念は、一方で大会開催に伴う無駄や浪費を少しでも減らし、他方で大会を通して得られる利益や価値をできるだけ大きくしようとする、現実主義的な発想と計算にもとづいている。

ここまで見てきたように、膨大な経費を要するメガイベントと化したオリンピック開催に伴う財政的な課題、ならびにそこに向けられる開催地の市民・国民からの厳しいまなざしを踏まえて、二〇〇〇年代以降、IOCはオリンピックの新たな理念の一つとして、自然環境や社会の持続可能性を考慮して「レガシーを残す」ことを明確に打ち出した。こうして、スポーツと文化の祭典として始まった近代オリンピック運動の目標に「レガシー」が新たに組み入れられた。

こうした事情は、二〇二〇年の東京オリンピックでも同様であろう。(4) たしかに一方で、東京オリンピック開催は経済効果や感動の共有という点で盛んに喧伝され、多いに期待されてきたが、他方で、不透明な組織運営や世間には法外に高額と思われる関連経費について、厳しい批判に晒されてもきた。では、東京2020オリンピックを取り巻くこれまでの政治・経済・社会の情勢のもとで、オリンピック・レガシーはどのように語られてきたのだろうか。開催主体が刊行した公式文書を読み解きながら、そのことについて考えていこう。

2 二〇二〇年東京大会のレガシープラン
――「アクション&レガシープラン 2016 中間報告」

修正主義的な歴史認識

東京オリンピック組織委員会は、二〇一六年一月に「アクション&レガシープラン 2016 中間報告~東京2020大会に参画しよう。そして、未来につなげよう~」(以下、「中間報告」と表記)を公開した。「中間報告」には、二〇二〇年東京大会に向けてどのようなアクション(参画)を通して、どのようなレガシー(遺産)を作り上げていくのかの基本方針が述べられると同時に、二〇一六年初頭の時点でどのような具体的取り組みが検討されているかが示されている。以下では「中間報告」の内容を検討しながら、二〇年大会に向けた「オリンピック・レガシー」の特徴について考えていく。

「中間報告」は冒頭で、一九六四年のオリンピック東京大会が日本を大きく変えたのに対して、二〇二〇年大会は「世界にポジティブな改革をもたらす大会とする」ことを目標に掲げると高らかに宣言する。日本国内だけでなく世界にとって意義のある大会を実現することが東京オリンピック組織委員会側の目標であり、それに向けて後世に残すべき遺産＝レガシーについて論じることが「中間報告」の趣旨とされる。

ここで注目すべきは、招致過程の段階から繰り返し語られてきた一九六四年大会からの継承だけでなく、一九四〇年（昭和一五年）に予定されていた「幻の東京オリンピック」に言及していることだ。具体的には「1940年大会は、明治の開国以来の発展した日本の姿を、そして1923年の関東大震災から復興した東京の姿を世界に示したいということが招致の理由」とされ、六四年大会は「戦後の焼け野原から復興・復活した東京・日本の姿を世界の人に知ってもらう機会」となったことが確認される。

そのうえで、二〇二〇年大会では「［東日本大震災からの］復興に寄せられた世界中からの支援にどう感謝の意を示すか、スポーツが復興・社会に寄与する姿をどう発信するか」が問われていると述べられる（一〜二ページ）。それぞれの歴史上の時期において「復興」が重要な位置を占めていた／いる点を強調することで、首都東京でオリンピックを開催する歴史的な意義を読者に訴えかける手法が、そこでは採られている。

しかし、ここで語られる東京オリンピック開催をめぐる歴史は、いささか奇異なものである。その理由は、従来であれば、戦前・戦中の軍国主義との関連で記憶されてきた「幻のオリンピック」は、少なくとも公的な歴史の語りでは否定的に論じられてきた（あるいは、その存在自体が忘却されてきた）であろうし、オリンピックの歴史記述でも、前回ベルリン大会との類似性で軍事・政治によるオリンピック理念の侵害（自国の国威発揚による政治的利用）の事例として語られるのが常だったからだ。(5) ところが「中間報告」では、そうした歴史上の事実はみごとなまでにかき消され、当時計画されていた一九四〇年大会が幻と化した理由は「結果的には、国際情勢が不安定となり中止」とだけ言及される。

そこでは、日本自らが引き起こした「不安定」（中国大陸への侵略）が、まるで他人事のように「結果」として語られる。さらに言えば、一九四〇年大会には関東大震災から復興した帝都の姿を世界に示すこと以上に、同じく一九四〇年に開催が計画されていた「万国博覧会」とともに「皇紀二千六百年祝賀」のための国家イベントとして計画されていたことにも、当然のごとくなにも言及はない。(6) 震災からの「復興」のために計画された四〇年大会は、残念ながら国際情勢に振り回されることで実現しなかったと、「幻のオリンピック」の歴史が語られる。

ここに見て取れるのは、戦前についての歴史認識と解釈におけるある種の修正主義だ。それは一九六四年大会の位置づけにも共通する。東京オリンピック開催を戦後日本の復興を象徴するイベントとして理解する語りは、戦後の繁栄を礼讃する立場からの決まり文句である。だが、真摯に歴史と向き合うならば、輝かしい繁栄の陰で急速な近代化・産業化に伴うさまざまな社会のひずみが蓄積されていった事実が浮かび上がらざるを得ない。日本各地で生じた公害問題は、その最たるものだろう。

ところが奇妙なことに、一方で「中間報告」は現在の環境問題や持続可能社会という課題への取り組みとの関連で、日本はその高い技術力で公害問題を解決したことをことさらに強調する。他方で、公害を生み出した当時の社会・経済的な諸状況への反省は見当たらない。一九六四年大会が象徴する戦後復興と経済繁栄は、後世が受け継ぎ、人びとによって懐かしく思い出されるべき遺産としてのみ記憶されている。こうした「中間報告」の語りは、現在にとって都合の良い過去の事実だけを取り立てて強調する点で、修正主義的な歴史観と言えよう。

アクション&レガシープランの詳細

以上述べたように、東京での一九四〇・一九六四・二〇二〇という三回のオリンピック開催の意義と連続性を「復興」をキーワードに示したうえで、「中間報告」は二〇二〇年大会を「人々の記憶に、そして歴史に残る大会としたい」との願望を語る。それに向けた具体的対策として、「大会開催前から計画的にアクション に取り組み、各分野にハード・ソフトの両面にわたるレガシーを創出することで、次代の日本社会の姿を子供達に示すことを目指していきます」（二ページ）との基本方針が示される。

その方針のもとで、オリンピックの遺産を残すべく、二〇二〇年に向けて「5本の柱」ごとに「アクション&レガシープラン」の詳細が述べられる。5本の柱とは、①スポーツ・健康、②街づくり・持続可能性、③文化・教育、④経済・テクノロジー、⑤復興・オールジャパン・世界への発信、である。以下順を追って、その内実を見ていこう。

①スポーツ・健康

オリンピックがスポーツの祭典であることを考えれば、ここで目指されるレガシーは最重要だと想定される。だが、少なくとも「中間報告」を読むかぎり、今後多くの人びとがスポーツに取り組むことは来る超高齢社会を見据えて「医療費の削減」を図る点で意義があるとされ、二〇二〇年東京大会に向けた参画(アクション)を通して「スポーツを『する・観る・支える』社会」を目指すことが謳われているにすぎない。

オリンピックの根幹とも言うべきスポーツについてのレガシー形成が一般論の域を出ないことは奇異に感じられるかもしれないが、それには確たる理由があると判断される。これから見ていくように、後続する各項目で提示されるレガシーは、「スポーツ・健康」に関わるレガシーと比較して、より具体的な内実を含んでいる。ここから浮かび上がるのは、「オリンピック・レガシー」の主たる目的は、必ずしもスポーツそのものの遺産形成ではないという事実だ。「中間報告」が明示するように、オリンピックを通して「各分野にハード・ソフトの両面」にわたるレガシーを創出することが目指され、それはスポーツ以外のさまざまな事柄に及ぶ。そして見落としてならないのは、むしろそれら多様な領域で「遺産を残す」ことに「アクション&レガシープラン」の意図と意義が賭けられている点である。それゆえ、オリンピック・レガシーの本質に迫ろうとすれば、スポーツ以外の側面により多くの注意を向けねばならない。

②街づくり・持続可能性

二〇二〇年に向けて開催都市東京をどのように作り変え/直していくべきかが論じられる。その際のキーワードは「再生」である。世界的な関心を集める環境問題や自然資源の枯渇を視野に入れて、従来のような自然を破壊し資源を浪費する街づくりではなく、未来に向けて持続可能な都市のあり方が模索される。同時に、冒頭で述べた東日本大震災からの復興や地方創生との関連で「日本の再生」がアクション&レガシーの目標として掲げられる。ここで注目すべきは、先に触れた戦後日本の歴史認識での修正主義的立場で等閑視される公害問題が、日本が自ら克服した意義ある経験として語られている点だ。

「過去において、水質汚濁・大気汚染等の公害問題を克服し、石油ショックを経て世界有数の省エネルギー国家を実現した日本は、東京２０２０年大会においても率先して気候変動の抑制、地球の持続可能性に配慮した取組を進める必要があります。将来を見据えれば、東京２０２０大会をエネルギー消費、環境負荷を増大させずに経済成長を可能とする世界を実現する契機とすべきではないでしょうか」(四三ページ)

こうした語りによって、産業化に伴う負の遺産である「公害問題を克服」できた日本は、現在グローバル世界が直面する持続可能性のある社会の実現という困難な課題に率先して取り組むことができるはずだとされる。二〇二〇年のオリンピックを未来に向けた挑戦の契機とすることが日本の責務であり、また残すべきレガシーであるというのだ(より具体的な取り組みについては④経済・テクノロジーで述べられる)。

エコロジーや持続可能性というテーマは、ＩＯＣがオリンピック理念のひとつとして掲げるものであり、二〇二〇年東京大会に特有ではない。だが、戦後日本の自己語りを通して過去の負の遺産＝公害問題の「原因」へと目を向けるのではなく、その「克服」のみを受け継ぐべき遺産としたうえで、その延長線上に東京の再生を目指すことが「中間報告」では謳われる。ここに見て取れる戦後の「負の遺産」への独特な向き合い方は、そもそも東京オリンピック組織委員会が目指す「街づくり」のレガシーとはどのようなものであり、そのもとで推し進められる首都東京の再開発が実際のところどのよう帰結をもたらすのかを、いみじくも語っているように思われる。(7)

③文化・教育

日本人が自文化の美徳を認識し、教育を通してそれを継承していくことの重要性が強調される。そして、二〇二〇年東京大会を開催することで、日本文化の特徴である「和の精神」を日本人が再認識し、後世へと伝えていくことがレガシーだとされる。それを実現するうえで、小・中・高等学校での教育を通してさまざまな事業に取り組むことが必要であると指摘する。

ここには、典型的な「文化ナショナリズム」の語りが見て取れる。伝統文化だけでなく、マンガやアニメなどいわゆる「クール・ジャパン」と総称される日本のポピュラーカルチャーが海外で高い評価を受けていることを踏まえて、二〇二〇年東京大会は「日本の文化を国内外に発信する絶好の機会」と位置づけられる。「和の精神」にもとづき世界各国の文化と交流を深めることは、文化の祭典でもあるオリンピック理念に照らして望ましいとされるのだ。

さらに「中間報告」では、日本文化の特質である「和の精神」を「正しく伝え、継承する」ことの重要性が強調される。そのためにも、二〇二〇年東京大会に向けてさまざまな文化行事を開催し、それを通して日本文化の素晴らしさを正しく受け継ぐ機会を増やすことが教育に求められる。ここで注目すべきは、小・中・高等学校だけでなく、日本全国の大学もレガシー形成の重要な担い手として期待されている点だ。「中間報告」には、二〇一五年一二月時点で「大学連携」の数はすでに七八六校にのぼることが誇らしげに記されている。

このように、教育を通して「和の精神」を再評価し、それを正しく継承する意義を示したうえで、「中間報告」はいま現在の「若者」が次世代を担う「当事者」としての意識を持つことが肝要だと主張する。

「若者が、東京２０２０大会を契機に、将来の国際社会や、わが国を担う人材としての礎を固めること、オリンピック・パラリンピックの後の次代を担うのは自分自身である、という若者自身が当事者としての意識を持つことが重要です」（五八ページ）

だが、ここには奇妙な矛盾が見て取れる。「中間報告」では教育によって日本文化を継承する必要と意義が繰り返し唱えられるが、そこで想定されているのは教育機関や行政がイニシアティヴを持つ取り組みである。当然のごとく、教育を受ける側＝児童・生徒・学生は自ら進んで日本文化を担うのではなく、教育を介した外部からの働きかけの結果、後世に残すべきレガシーの担い手になりうる。その意味で若者は、次世代の「当事者」となることを課される存在である。このように一方で日本文化のレガシーの担い手として期待されながら、他方で「当事者」であることを強いられる若者。この矛盾を可能にしているのは、「文化レガシー」の名において人びとを東京２０２０オリンピックへと動員しようとする教育実践にほかならない。

ここには、オリンピック・レガシーのもとで継承が目指される「日本文化」が、実際にはだれにとって／どのような点で意味あるものなのかがはしなくも見て取れる。伝統的であれ現代的であれ、レガシーとして継承される文化は、若者自身の内部から湧き出るものではない。「和の精神」とは、その継承が必要であるとみなす立場から、年長世代がパターナリスティックな仕方で若者を「当事者」に祭り上げることで成し遂げようとする、あくまで国家にとっての遺産にほかならない。

④経済・テクノロジー

オリンピック開催に伴う経済効果が、当然のごとく前提視されている。二〇二〇年東京大会開催は、オリンピックというスポーツイベントとしてのみならず、多種多様な関連業界へと経済的な効果を及ぼす。それを一過性とすることなく、今後の日本経済のいっそうの活性化につなげることが、目指すべきレガシーだとされる。しかし、メガイベント開催と経済効果との関連を論じてきた過去の研究では、開催都市・国家、さらに関連業界が声高に喧伝するオリンピックの経済効果は、実はかなり疑わしいことが繰り返し指摘されてきた(8)。二〇年大会の経済的なレガシーの内実を検討するうえでも、その点を忘れるべきではないだろう。

「中間報告」は経済・テクノロジーに関わるレガシー形成の目標として、「ジャパンブランドの復権」を掲げる。その背景に、一九九〇年代以降の「失われた二〇年」を踏まえて、かつて「ジャパン・アズ・ナンバーワン」と外国から称讃され、その優れた技術力で世界を席巻した「メイド・イン・ジャパン」のナショナル・ブランドとしての優位性を取り戻そうとする国家的な経済戦略があることは、ここであらためて言うまでもない。

「中間報告」では、かつて優れた半導体生産技術と価格優位性で一世を風靡した家電製品・情報機器に代わって、今後「ジャパンブランド」の活躍が期待できる分野・領域として、「ロボット技術」ならびにそれと関連した「AI（人工知能）」や「ビッグデータ」、さらにオリンピック選手村などでの実験・実施が予定されている「水素社会」が挙げられる。このように二〇二〇年大会を、日本の高い技術力を活かせる最先端テクノロジー領域で国際的な競争力を高めるきっかけとして最大限に活用することが、大会開催に伴う経済効果を一時的なものに終わらせない「経済・テクノロジー」でのレガシーだとされる。

ここで注目すべきは、「ジャパンブランドの復権」の鍵を握ると期待される最先端テクノロジーが、オリンピック開催に関わる特定の目的との関連で位置づけられている点だ。それは、さまざまな意味での「セキュリティ」である。

「中間報告」は、少子高齢社会で喫緊の課題とされる子どもや高齢者の安全であれ、パラリンピックの担い手である障害者が安心して暮らせる都市の実現であれ、東日本大震災をはじめとする日本を襲う自然災害への今後の対策であれ、国際社会への脅威と見なされるサイバーテロリズムへの対抗措置であれ、今日の日本が抱えるセキュリティをめぐる諸課題への対応策として「官民一体となった安全・安心を担う危機管理体制を構築する」必要があると指摘。その実現に向けて、テクノロジーの推進と運用を目指す具体的な取り組みとして、以下を例示する。

「○政府・都・組織委員会などの関係機関が連携強化し、官民一体となった危機管理体制を構築。生体認証技術を用いたスムーズな入退場管理の実施。セキュリティカメラ・システムの整備やドローン等の技術開発を行い、競技観戦等における安心・安全な大会運営に活用」（七七ページ）。
このように「安全・安心」をキーワードに、高度な日本のテクノロジーを世界に示すべく東京大会の競技施設や関連施設を「ショーケース（見本市）」として活用することが、「経済・テクノロジー」に関わるレガシーづくりで重視される。[9]

経済・テクノロジー領域で残すべきレガシーが論じられるとき、そこには当然のごとく「国家のために」との側面が濃厚に見て取れる。「ジャパンブランドの復権」というスローガンは、まさにそれを示している。近年、技術力と価格の双方で近隣アジア諸国と厳しい競争を強いられている状況をうけて、ロボット、ＡＩ、水素社会といった最先端技術の開発・企画力で優位性を保とうとする戦略には、戦後日本社会の成長と繁栄を下支えした「テクノ・ナショナリズム」の名残りとも呼ぶべき発想がある。

日本が相対的な経済的優位と物質的な繁栄を謳歌しはじめた一九六〇、七〇年代以降、グローバル化のさらなる進展のもとで、経済とテクノロジーを取り巻く国際的な情勢は大きく変化した。その歴史的事実を直視せず、かつて輝いていた自らの姿を「復権」することにいつまでもノスタルジックに拘泥する現代日本の窮状が、オリンピックを介して残そうとする経済レガシーの姿のうちに臆面もなく表れている。

⑤復興・オールジャパン・世界への発信

ここでは、東京２０２０オリンピック開催を契機とするレガシー形成の総括的な議論が繰り広げられる。「復興」をキーワードに三回にわたる東京開催の意義と歴史を位置づける「中間報告」

の立場を示したうえで、オリンピックの遺産を後世へと引き継ぐため、二〇二〇年大会に向けて「オールジャパン」で取り組む必要が強調される。

「中間報告」によれば、このオールジャパンには二重の意味が込められている。第一に、開催都市である「東京だけでなく、日本全体」にとってオリンピックを意義あるものとする。そのために、第二に「できるだけ多くの人、できるだけ多くの団体の参画、盛り上げ」のもとで大会を開催する。「オールジャパン」の名のもとで日本の国全体として、国民全員が一丸となってオリンピックを成功させ、その成果と意義を世界に向けて発信することで、オリンピック・レガシーをより意義深いものにすることが目指されるのだ。

こうした「復興」に向けた「オールジャパン」の推奨に、かつて戦時中にナショナリズムを具現化する方途として用いられた総動員体制の影を見て取るのは容易だろう。ただし、メガイベントに乗じた二一世紀のスポーツ・ナショナリズムには、ビジネスでの周到な戦略と打算も同時にうかがわれる。それは、「復興」を成し遂げた被災地域自体を、世界に向けた観光資源として利用しようとする発想だ。

「東京2020大会後も、地域の魅力や復興の姿を継続的に世界に発信し、観光客等の被災地への呼び込みや大震災の記憶の風化防止を図るとともに、産品等の活用などによる新たな観光資源の発掘や風評被害を払拭し、被災地での産業振興を図ります」（八一ページ）

ここで謳われるレガシーとして目指す「復興」とは、被災地域に暮らす人びとが震災ならびに原発事故によって被った災厄から立ち直り、以前と同様の日常生活を取り戻すことではない。二〇二〇年東京大会をいわば博覧の場として「復興した日本の姿」を世界に示し、そのことで観光ビジネスの新たなチャンスを切り開くことにほかならない。そのためには、被災地の人びとがいまでも放射能汚染の潜在的被害に日々怯えながら暮らしている姿は巧妙に隠蔽される。そうした不都合な現実を感じさせる、あるいは想起させるものは、すべて「風評被害」として「払拭」の対象とされる[10]。

大会招致をめぐりイスタンブール、マドリードとの間で繰り広げた激しいロビー活動の最終ステージとも言えるＩＯＣ総会でのプレゼンテーションで、安倍首相は「状況は制御されている（The situation is under control）」と豪語し、さまざまな波紋を引き起こした。現時点から振り返るならば、首相の真意は以下のようなものだったのだろう。

曰く、オリンピックを招致し開催するからには、未曾有の被害を引き起こした原発事故の惨状を国内的にも国際的にも可視化させない強硬な政府方針を打ち出し、そのもとで見栄えのよい「復興」の姿だけを世界に向けて発信し、それをレガシーとして記憶・継承するような国家体制を断固として整える。一国のリーダーの口から発せられた自信満々の「アンダー・コントロール」との言葉は、そうした決意表明とともに、その後実際になされた無責任な対応を暗示していた。

このように考えると、オリンピック・レガシー創出に向けたアクションとして掲げられる「復興・オールジャパン・世界への発信」は、一方で原発事故に伴う放射能汚染の現実から国内の目を逸らせようとする政治的思惑と、他方で外見上は復興したかのように映る日本の姿を観光資源として世界に向けて売り込もうとする経済的な利害とを、オリンピックという格好の機会を利用して体よく実現しようとする、あざとい目論みにほかならないことが浮かび上がる。「オールジャパン」に込められた「できるだけ多くの人、できるだけ多くの団体」のもとで、国民一人ひとりが「心のレガシー」を作る／残すことを推奨する「中間報告」の美辞麗句。そこには、後世に残すべきレガシーとして未来に向けた夢を描き出すことで、いま現在の社会をおおう厳しい現実を粉飾しようとする意図が見え隠れする。

3「東京オリンピック・レガシー」のイデオロギー

「中間報告」を検討することで、これまで取り組まれてきたオリンピック・レガシーについて、いくつかの特徴が浮かび上がってきた。

第一に指摘できるのは、東京オリンピック組織委員会が推進した「アクション&レガシープラン」にナショナリスティックな側面が見て取れる点である。「5つの柱」のもとで論じられる後世に残すべき遺産形成は、国家のイニシアティヴのもとで推し進めることが想定されており、その基本方針のもとで国民一人ひとりがそれぞれの場で、それぞれができることを果たすことが期待されている。こうしたレガシー創出のあり方をめぐる発想に、戦時期日本を特徴づけた総動員体制の現代版を見出すことは、あながち的はずれではないだろう。

同時に、ここで見誤るべきでないのは、オリンピック・レガシーの名のもとに動員される国民は、特定の主義主張やイデオロギーで糾合されるのではなく、むしろ各人ごとに個別で具体的な経済的な利益や社会的な利害によって、ある意味でゆるやかに、別の言葉でいえば個々バラバラに、結果として統治されていく点である。そのことを踏まえれば、それぞれの主体性と自発性を尊重しながら「できるだけ多くの」参画を呼びかける「オールジャパン」という理念は、今日的な動員メカニズムの特質を端的に表していると判断される。そこでは、一人ひとりの個別の利害関心と全体としての「みんな」のそれとが、矛盾やズレをはらみながらも、オリンピックという共通の目標のもとで、かろうじて重なり合うことを目指していたと思われる。

第二に、レガシー創出に向けて人びとが「自主的」に動員されていくうえでの媒介／触媒として「日本の文化」が想定される。これは典型的な文化ナショナリズムである。自文化の価値と優越性を暗黙の前提としたうえで、それを共有し共感する「わたしたち＝国民」という「想像の共同体」(B・アンダーソン)の形成を目論むナショナリズムの発想が、そこに顕著にうかがわれる。

この文化ナショナリズムは、自文化とは異なるその他の文化に対して排他的・抑圧的に振る舞うのではなく、オリンピックという世界の祭典の場にふさわしく「文化の交流」の促進を推奨する。それを可能にするのが、日本文化の伝統とされる「和の精神」にほかならない。それぞれの文化は互いに異なるがゆえに、ときとして対立や葛藤を生み出しかねない。だが、それら多様な文化の間に「和」を築き上げることこそが、日本文化の本質だ。そのように日本文化を自讃したうえで、オリンピックを契機に後世へと残すべき文化的レガシーとは、今日のグローバルな世界で「和」をもって異文化をつなぐ実践だとされる。

第三に指摘できるのは、政治的な動員や文化的な統合以上に、今後の日本に向けた国家的な経済戦略がレガシープランで重要な位置を占めている点である。具体的には「復興」をキーワードに観光立国へと躍進することが、レガシープランでは明確に目指されている。来る東京オリンピックを「復興」との関連で語る理由は、二〇二〇年までに復興を成し遂げた日本の姿を世界に示すだけではない。その機会を利用して、世界中から寄せられる視線に向けて震災被災地も含めた新たな観光スポットを見せつけることで、大会終了以降のインバウンド産業をよりいっそう活性化させようとの目論みがあるからだ。

この点に着目すれば、「アクション&レガシープラン」を後押しする政治的な思惑も文化的な矜持も、国家的な経済的利益を見越した観光ビジネスの推進を前提とするかぎりで効力を発揮するものかもしれない。それをポストモダン社会と形容しようとポストフォーディズム体制と呼ぼうと、総動員ナショナリズムも文化ナショナリズムもともに、身も蓋もない経済ナショナリズムの中心性を自明の理として喧伝されるかぎりで、オリンピック開催都市・国家に暮らす人びとに対して訴求力を持つにすぎないように思われる。

このように「中間報告」を慎重に検討すると、そこに「ナショナリズムの影」がたしかに浮かび上がる。これまでオリンピック研究が繰り返し指摘してきたように、近代オリンピックというメガイベントは、その崇高な理念にもかかわらず、実際の歴史ではナショナリズムとの密接な関係のもとに常に置かれてきた。そのことは、二〇二〇年東京大会でも同様だろう(11)。

しかし、オリンピックをめぐり近年取りざたされる「レガシー」の本質に迫ろうとするとき、従来からのナショナリズム批判では必ずしも十分でないと感じられるのも、また事実である。ここで見てきたように、二〇二〇年東京大会に向けたオリンピック・レガシーへの具体的な取り組みには、国家機関や教育行政が発揮する権力作用がうかがわれる。だが同時に、そうした旧来からのナショナルなものとは位相を異にするところで、レガシー創出の取り組みはなにごとかを果たしているのではないだろうか。あえて感覚的な言葉で言えば、現在の日本社会が、レガシーを残すことを前提として二〇二〇年大会に向けてひたすら突き進もうとしてきた姿に、形容しがたい居心地の悪さが感じられるのである。

これは果たして、なにに対するどんな違和感なのだろうか。この感覚に言葉を与えることを目指して、最後にオリンピックを通してつくりあげられるレガシーと「未来」の関わりについて考えてみよう。

4 約束された未来の憂鬱

オリンピック開催に先立ち、さまざまなレガシーが語られた状況で、なにが違和感を引き起こしたのだろうか。そこには、単なるナショナリズムにとどまらないどのような問題が潜んでいるのだろうか。

もしかするとレガシー＝legacyという英単語の語源にさかのぼることで、この疑問を解く鍵を手に入れられるかもしれない。辞書を紐解くと、そこにはlegacyの語源がlegate（ローマ教皇特使・使節）にあることが記されている。この言葉の成り立ちを理解すると、そもそものレガシー

＝遺産の起源は、宗教的な権威と使命のもとに派遣された人物（特使）が、その赴任地で果たすべき営為（ミッション）であったことがうかがい知れる。つまりレガシーとは、正統な権威によってほかの場所／異なる時代へと引き渡されていく「価値あるもの」なのである。

この語源に照らし合わせれば、東京オリンピック組織委員会が「アクション＆レガシープラン」で唱える東京オリンピック・レガシーは、文字どおりの「レガシー」を目指したものと言える。なぜなら、開催都市・国家における権威が後世へと引き渡したいと自ら意図する事柄を明示し、それを正統なもの＝実現すべき価値として次代を担う若者が受け継ぐべきことを高らかに訴えているからだ。二〇二〇年のオリンピック開催に向けて、さらに大会終了後の未来の日本で遺産として残されるべき事柄とは、現在の権威が未来へと託そうとするものにほかならない。

この点にこそ、オリンピック・レガシーにまとわりつく違和感のひとつの要因がある。そこでは、なにが残すべき遺産とされるかではなく、どのようにレガシーとして受け継ぐべきかがもっぱら示されることで、社会に残る／残す事柄をめぐる議論の射程はあらかじめ制限されてしまう。教会組織内部で布教について議論するとき、教義を広めることの正しさへの根本的な疑問が投じられることはない。そこではただ、どのように教えを広めるかが課題とされるだけだろう。まるでそれと同じように、オリンピックを通じて残すべき遺産それ自体をめぐる是非は、「アクション＆レガシープラン」でははじめから不問に付されている。

こうして残すべき遺産が権威によって正統化されることで、「現在」の先にあるはずの来るべき「未来」のあり方は大きく規定されてしまう。なぜなら、後世に残すべきレガシーがあらかじめ決められているならば、今後のあるべき未来とは、それを十全に実現することだけを意味するからだ。たしかに、目指すべき理想として掲げられるオリンピック・レガシーは、いま現在の社会をより豊かで、快適で、暮らしやすい未来へと引き継ぐことを約束する点で、多くの人びとの賛同を得やすいだろう。だが、そのことと、あらかじめ残すべきとされる遺産の内実が来るべき社会にとって望ましいものであるかどうかは、明らかに別次元の問題である。

それにもかかわらず、オリンピックに乗じてレガシーが声高に唱えられるとき、その区別はみごとなまでに忘れ去られている。逆に言えば、未来へ引き渡そうとする遺産の正統性をそもそも問わないからこそ、オリンピック・レガシーの名のもとに二〇二〇年までの、さらにその先の日本社会のビジョンを描くことは、いま現在の国家権力にとって大きな政治的意味を持つ。

ここに見られるのは、未来との関わり方を規定してしまう反・社会学的、あるいは無・政治的な想像力にほかならない。なぜなら、たとえ「現在」からなにかを引き継ぐことではじめて「未来」がありえるとしても、歴史という時間軸のもとで考えるならば、いまある現在と来るべき未来との関係は、あくまで偶有的であるはずだからだ。わたしたちが実際に生きる社会それ自体に潜むこの偶有性は、「過去」と「現在」とのこれまでの関係を振り返れば容易に理解できるだろう。

いまでは歴史となった過去の出来事の延長線上に、日々を生きるわたしたちの現在は成立している。しかし、過去から引き取り、受け継いだ事柄は、過去の人びとが来るべき未来の世代（現在のわたしたち）に遺そうと意図したものと完全に一致することはない。むしろ、過去から現在へと流れる歴史的時間のもとで、受け渡しと引き継ぎの狭間で、さまざまなズレ・誤認・誤配が生じるからこそ、社会はそれぞれの時代で独自の個性と豊かさを持ち得るのではないだろうか。だが、後世でのレガシーがあらかじめ決められ、約束されるとき、現在と未来との関係を特徴づける偶有性は巧妙に制御(アンダー・コントロール)される。ここで社会をめぐる想像力とは、未知なるものへのユートピア的な構想力にほかならないことを思い起こせば、オリンピック・レガシーを根拠づける発想と実践は、文字どおり反・社会学的であることが確認できる。

このように考えてくると、一見すると健全でだれにでも受け入れられるかに思われる「未来に残すべきレガシー」という発想自体に、実のところおぞましい暴力が潜んでいることが明らかになる。たとえば、オリンピック開催に向けて「できるだけ多くの人」の参画を促すとき、将来における感動が約束されることが少なくない。世界各国からアスリートと観客が集まるスポーツの祭典に参加することで、これまで経験したことがないような感動が味わえると喧伝され、その感動を日本社会に暮らす「できるだけ多くの人＝みんな」で共有することが推奨される。東京２０２０大会のモットーとして掲げられた〝United by Emotion〟は、そうした感動によるレガシー創生を人びとへ呼びかけるものにほかならない。

だが冷静に考えてみれば、スポーツを介して生じる感動とは、それをあらかじめ予測することも約束することも原理的にできないからこそ、人びとを惹きつけるのではないだろうか。人間の身体を介した相互行為であるスポーツの醍醐味は、そこで生じる不確実で偶有的な関係性にこそある。最初から勝負の行方が分かっているゲームに人は興奮しない。実際になにが起こるか「やってみなければ分からない」からこそ、スポーツイベントは人びとを魅了してやまない。

そうであれば、スポーツ観戦で観客たちが味わう感動も同様だろう。実際に感動するかしないかは、そのときになってみなければ分からない。前評判がとても高かった世紀の対決が、結果として凡庸で退屈な試合に終わることは珍しくない。逆に、たいして期待されていなかった対戦が、後々まで語り継がれる伝説の一戦となることもありうる。つまり、スポーツイベントが生み出す感動は本来的に予測不可能であり、その実現を約束したり、計画することなどできないのである。

ところが、オリンピックを開催して残そうとするレガシーが問われるとき、必ずと言っていいほどに「みんなで／みんなの感動」を楽しむことが平然と唱えられ、いまではそれがレガシー語りで当たり前となっている。レガシーとして称賛され、欲望される未来の感動は、現実に生きられる社会の偶有性から生まれるものではなく、来るべき未来をあらかじめ周到に管理し、制御したことの結果＝成果物にすぎない。先物取引として約束された感動は、スポーツそれ自体が生み出す本来の魅力と断じて同一視されるべきではない。

大会終了後に遺産となるべき事柄を、いま現在の時点で計画＝プランするというオリンピック・レガシーという発想と実践。それは、偶有的であるがゆえに生まれる未来における社会の可能性を、文字どおりなきものにする試みではないだろうか。

「中間報告」には、「東京２０２０大会の感動と記憶をそれぞれの心のレガシーとして残すことで、後世に語り継がれるようにする」（八四ページ）という一文がある。一見すると無邪気なこのスローガンには、今日的なレガシーの不気味さが凝縮されている。なぜなら、本来であれば自由な個人に任される未来での「感動と記憶」を、二〇二〇年を過ぎた時代でも「語り継がれる」ような「心のレガシー」とすることが臆面もなく謳われているからだ。そこに、開かれた未来への契機は微塵も感じられない。あるのはただ、使命を背負った特使(legate)が権威の意図と思惑に従いながら他者へと広めようとする、どこまでも閉じられた「ひとつの未来」にすぎない。

東京２０２０オリンピックに向けたレガシー創生は、あらかじめ「先取りされた未来」の姿を描き出そうとしてきた。だが、偶有性に満ち不確実でもある〈社会〉を自ら引き受ける勇気を持ち続けようとすれば、わたしたちはレガシーに潜む暴力に抗い、それを断固として拒否する意思を示さねばならない。そのためにも、東京大会が喧伝するオリンピック・レガシーからの呼びかけに対して、「未来への自由」の名のもとに「ＮＯ！」を突きつけよう。その決意と覚悟、そして諧謔が、スポーツという〈社会〉を愛するすべての人に求められている。

(1) 橋本一夫『幻の東京オリンピック——１９４０年大会　招致から返上まで』講談社学術文庫、二〇一四年、坂上康博・高岡裕之編著『幻の東京オリンピックとその時代——戦時期のスポーツ・都市・身体』青弓社、二〇〇九年。

(2) 清水諭編著『オリンピック・スタディーズ——複数の経験・複数の政治』せりか書房、二〇〇四年。

(3) 「オリンピック・レガシー」についての体系だった研究としては、Leopkey, B. and Parent, M. (2012), Olympic Games Legacy: From General Benefits to Sustainable Long-Term Legacy, *The International Journal of the History of Sport*, 29 (7): 924-943. Preuss, H. (2007), The Conceptualization and Measurement of Mega Sport Event Legacies, *Journal of Sport & Tourism*, 12 (3-4): 207-227, 参照。

(4) 間野義之『オリンピック・レガシー——２０２０年東京をこう変える！』ポプラ社、二〇一三年。

(5) Collins, S. (2008), *The 1940 Tokyo Games: The Missing Olympics Japan, the Asian Olympics and the Olympic Movement*. London: Routledge.

(6) 一九四〇年(紀元二六〇〇年)に計画されていた東京オリンピックと万国博覧会については、古川隆久『皇紀・万博・オリンピック——皇室ブランドと経済発展』中央公論新社、一九九八年、夫馬信一『幻の東京五輪・万博1940』原書房、二〇一六年、参照。

(7) オリンピック招致と東京再開発との関連を批判的に論じたものとして、町村敬志「メガ・イベントと都市空間—第二ラウンドの「東京オリンピック」の歴史的意味を考える—」『スポーツ社会学研究』一五巻、二〇〇七年、三～一六ページ、参照。

(8) 経済効果という観点からオリンピックの問題点を検討したものとして、アンドリュー・ジンバリスト著、田端優訳『オリンピック経済幻想論——2020年東京五輪で日本が失うもの』ブックマン社、二〇一六年、参照。

(9) 二〇一二年ロンドン・オリンピックに際して、大会運営のセキュリティのために導入・実践されたさまざまな監視実践が、その後「レガシー」として残されたことを批判的に検討した研究として、Boykoff, J. and Fussey, P. (2014), London's shadow legacies: security and activism at the 2012 Olympics, *Contemporary Social Science*, 9 (2): 253-270. 参照。

(10) 原発事故被災地域における「風評」ならびに「風評被害」について検討した研究として、三浦耕吉郎「風評被害のポリティクス—名づけの〈傲慢さ〉をめぐって—」『環境社会学研究』二〇巻、二〇一四年、五四～七六ページ、参照。

(11) 二〇二〇年東京オリンピックを見据えて、現代的なスポーツとナショナリズムとの関係性を論じたものとして、石坂友司・小澤考人編著『オリンピックが生み出す愛国心——スポーツ・ナショナリズムへの視点』かもがわ出版、二〇一五年、参照。

第3章

栄光の過去へ

「1964年」というノスタルジー

1964年東京大会の閉会式。各国選手団入り乱れての入場スタイルは、その後「平和の祭典」のレガシーとして受け継がれていった（『毎日新聞』1964年10月25日）

二〇二〇年の東京オリンピックに関するさまざまな取り組みの特徴として、一九六四年に開催された東京大会を称賛する傾向が指摘できる。高度経済成長只中に行われた前回の東京オリンピックは、過去の栄光を語るうえで「神話」と化している感さえある。戦後の一時点としての「1964」は、史実である以上に、現時点から振り返ると、ある特徴を持った「過去のイメージ」として人びとを惹きつけているように思われる。

「2020」を間近にひかえる日本社会で、どのような歴史・社会的な意義が「1964」に託されてきたのか。その点を問題意識としたうえで、ここでは東京2020オリンピックへと歩んできた日本社会の独特な姿を探る。

1 「2020」へと向かう日本

1964と2020

戦争へ向かう時代に開催返上となった一九四〇年東京大会が戦後日本で語られることがきわめて少なかったのと比較して、戦後復興・繁栄のシンボルと称される一九六四年東京大会は、多くの人によって取り上げられてきた。開催から半世紀以上が経過した現在でも、それは変わらない。二〇二〇年大会が近づくにつれ、六四年大会はさらに繰り返し語られた。どうして、それほどまでに「1964」は称讃されるのだろうか。

まず指摘できるのは、オリンピックという国家イベントとして一九六四年東京大会に大きな意義があった点である。それは「アジアで初」のオリンピック開催であり、大会規模と参加選手数には目覚ましいものがあり、さらに各種競技の模様が世界に中継された「テレビによるオリンピック」であった。創設者クーベルタン男爵が掲げた世界中の若人が集うスポーツの祭典という理念に照らしたとき、六四年大会はオリンピックとして大成功だった。

次に、開催主体である東京／日本の取り組み姿勢である。敗戦からわずか二〇年弱で復興を遂げた日本は、オリンピック開催を契機に平和国家として国際社会に再び参入する道を模索した。その目的を達成すべく国民一丸となって、スポーツと平和の祭典の準備と開催に取り組んだのだ。その過程でなされた個人・組織・地域のさまざまな努力と苦労は、繰り返し語り継がれてきた。戦後日本にとって、一九六四年東京大会は単なるスポーツイベントではなく、戦禍から立ち上がり発展を遂げた自らの姿を世界に示すための一大国家事業であった。その目標に一致団結して取り組んだ当時の日本人の姿が、いま称讃の的とされるのである。

さらに、一九六四年東京大会はその後の日本を大きく規定した。開催により国際的な威信を勝ち得た日本は六〇年代後半までに「所得倍増」を成し遂げ、七〇年代に世界経済を震撼させた二度にわたるオイルショックも切りぬけ、八〇年代には未曾有のバブル景気に沸く。こうした戦後の一連の発展と繁栄の礎を築いたのが、ほかならぬ東京オリンピックの成功だとされる。

このように一九六四年東京大会は、イベントの成功／国民の連帯形成／経済繁栄の実現というそれぞれの点で素晴らしかったと記憶されている。だからこそ、それにまつわる成功物語が繰り返し語られる。だが、それは実際にあった歴史的事実なのだろうか。それほどまでに「1964」は輝かしい時代／社会だったのだろうか。

上書きされる「歴史」

一九六四年の東京オリンピックについて、これまで多くのことが語られてきた。そこには神話化された「1964」を脱神話化する試みも含まれる。たとえば、マスコミ研究の観点からは当時の世論動向が必ずしも歓迎一色ではなく、むしろ多くの人は開催直前まで冷ややかな態度だったことが示された。(1) また、歴史研究では大会主催者側の組織的な混乱や、冷戦構造のもとで国際政治をめぐる紛争・対立が色濃く影を落としていたことが指摘されている。(2)

さらに、当時の様子を伝える新聞紙面は、オリンピックの開催と成功を言祝ぐ記事だけではなかった。「やっかいな跡始末」というタイトルでオリンピック関連施設の大会後の利用をめぐる課題にふれ、開催以前から喧伝されていた経済効果について「あてはずれの観光客」「百貨店・商店街は不振」という見出しで、実際はそれほどでなかったことを冷静に伝える記事などもある。(3) 小説やルポルタージュは、一九六〇年代前半の首都東京とそこに労働力＝「金のたまご」を供給する東北地方の経済的・社会的な格差が現在では想像できないほどに大きく、また同じ東京住民であっても歴然たる階級格差が存在していたさまを描き出した。(4)

ここから浮かび上がるのは、東京オリンピックを心から歓迎し、心底楽しみ、そこで利益を得られたのは、決して「みんな」ではなかったという事実である。このように、当時の社会の姿をつまびらかに示すことで、「１９６４」の多様な姿に光を当てる言説は、いまではさして目新しいものではない。

だが、従来からのイメージを脱神話化する地道な仕事がありながらも、「２０２０」へと向かってきた日本では、一九六四年大会の再神話化とでも呼ぶべき動きが見て取れた。その特徴のひとつは、脱神話化が暴き出す事実や史料を前にして「１９６４」の素晴らしさをあえて言祝ぐ点にある。

そこで求められるのは歴史の検証というよりも、より多くの人に受け入れられ分かち持たれるような、過去をめぐる輝かしい記憶である。別の言葉で言えば、史実をひとつずつ積み上げることで歴史をより緻密に描くのではなく、これまでの理解を「上書き」するかたちで、自らに都合がいい過去のイメージの再神話化を紡ぎ出そうとする。それは冷静な学問の試みではなく、なにかしらの情動に突き動かされた政治的な企てにほかならない。

栄光＝成功の参照点

いまなぜ、一九六四年の東京オリンピックは再神話化されるのだろうか。そこにどのような思惑や企みが交錯しているのだろうか。

近年の「１９６４」をめぐる表象に顕著な特徴は、それが輝かしい栄光の物語として描き出される点である。先に指摘したように、一九六四年東京大会はイベントの成功／国民の連帯形成／経済繁栄の実現のすべての面で成功した。現在の視点からは、そのように評価される。その結果、

「1964」という時代と社会は、戦後日本を語る際の栄光＝成功の参照点という位置を得ることになる。つまり、それは誇りをもって振り返るべき戦後の輝かしい偉業であると同時に、来る二〇二〇年東京大会の成功を求められる日本が参照すべき手本でもある。

その帰結として、現在のわたしたちがオリンピックの成功イメージを想像しようとするやいなや、そこに再神話化された過去の時代の姿が必ず影を落とす。このことが、「1964」が戦後の、そして未来の栄光＝成功の参照点であることの真意にほかならない。

そして、より重要なことは、過去についての表象を介して想像／創造された記憶のあり方は、来る「2020」に向けて現在の〈わたしたち〉が抱いている期待に潜む不可思議さを映し出している点だ。「2020」へと突き進んできた日本社会で「1964」が果たした政治的な意義の内実とメカニズムについて、以下で考えていこう。

2 『ライバルは、1964年。』

広告代理店が描く「1964」

二〇一六年に公益社団法人ACジャパンは、『ライバルは、1964年。』というタイトルで「全国キャンペーン」を展開した。このCMは「2020年に向け、日本を考えよう」をテーマに掲げたコンペで採用された、大手広告代理店・博報堂によるものである。一分間の映像内容は、およそ以下のとおりだ。

冒頭、東京オリンピックでの聖火点灯の映像と「2020」を示す数字が映し出される。その数字は一気に過去へとさかのぼり「1964」で止まる。マルチタレント星野源が歌う『Hello Song』が流れるなか、当時を生きた人びとの姿を捉えたモノクロ写真のスライドショーが映り、そこに星野の次のようなナレーションが重なる。

「あの頃の日本人に、笑顔で負けるな。

見る夢の大きさで負けるな。

人を思いやる気持ちで負けるな。

くらしの豊かさだけじゃなく、こころの豊かさでも、ぜったい負けるな。

ライバルは、1964年。」

ほぼすべて静止画で構成された作品のなかで、二カ所だけ動画が挿入される。そこに映し出されるのは、昭和を代表するコメディアン植木等（一九二六～二〇〇七）の主演映画からのワンシーンだ。そして、「ライバルは、1964年。」という大きな文字とともにサラリーマン姿の植木が現れ、続いて昭和の子どもたちのイキイキとした表情を収めた四枚の写真がテンポよく映し出され、作品は終わる。

このコンペ採用作品は博報堂の若手クリエーター、井口雄大氏（一九九八年入社）、中谷佳保里氏（二〇〇四年入社）、大石将平氏（二〇一四年入社）らが企画・制作したという[5]。制作スタッフは、コンペテーマ「2020年に向け、日本を考えよう」に取り組むうえで、「元気になれる」や「前向きさ」をキーワードに、昭和の日本と人びとを描くことを基本コンセプトに据えた。そこには若手クリエーターが抱くいまの日本社会への微かな違和感と、元気だった頃の日本への憧憬があったと思われる。

しかし、彼らは必ずしも「昔はヨカッタ」と過去を振り返りたかったのではない。むしろ、これから「2020年に向け」なにかしら「前向きなもの」を提起することが、かつての日本を回顧するなかで目指されていた。クライアントからの依頼と要請を受けて制作される通常の広告とは異なり、コンペ方式を採るACジャパンの全国キャンペーンでは、クリエーターたちが描き、作り、訴えたいメッセージが比較的ストレートに表現されていると理解できる。

とかく「元気がない」と形容されがちだった平成の世への疑問に押されるかたちで、活気に満ちていた昭和を振り返る。そこを起点として「2020年に向け、日本を考えよう」とする発想自体は、珍しいものではない。作品中で植木が象徴するのは、たとえ困難に見舞われようとユーモアとガッツで軽妙に難局を切りぬける昭和の「無責任なサラリーマン」の戯画だ。そこにあふれる「元気」や「前向きさ」が、現在に欠けているのではないか。そうした疑問と不安を出発点として、一九六四年東京大会開催当時の「昭和のあの頃」へと思いを馳せるキャンペーン広告は、栄光の参照点として「1964」を描こうとする近年の戦後表象の典型であった。

ノスタルジー／レガシー

博報堂の若手クリエーターたちが「元気だった頃の昭和」を描き出そうと企画を練りはじめた

当初、実はオリンピックは必ずしも中心的なテーマとして意識されてはいなかった。だが、映像制作を作り込むプロセスで「聖火台のシーン」を盛り込むこと、ならびに楽曲を星野源に依頼することが決まったという。そもそものコンペテーマが「２０２０年の日本」を明確に意識している点を踏まえれば、企画モティーフに「あの頃＝昭和」を設定した時点で１９６４＝東京オリンピックが前景化することは必然だったろう。

結果として『ライバルは、１９６４年。』は、その映像と語りによって、来る東京オリンピックを観る人に強烈に意識させるものとなっていた。映像末尾に「協力：公益財団法人東京オリンピック・パラリンピック競技大会組織委員会」と記されていることからも、それが二〇二〇年東京大会に向けた広義のキャンペーンだったことが確認できる

ここで興味深いのは、映像を通して喚起される「あの頃の日本」に対する情動が、一元的でないように見られる点だ。過ぎ去った日々への郷愁＝ノスタルジーだけでなく、ある種の好奇のまなざしや、憧憬の念、さらに敬意の思いといった複雑な折り重なりが、そこに見て取れる。

企画・制作に携わったクリエーターたちは、「あの頃の日本」を自らは体験していない。にもかかわらず、あの時代を回顧／懐古しようとするのは、当時の元気で前向きだった日本に対する憧れや敬意があるからだろう。そうした過去への想いは一部のクリエーターに特異なことではなく、若者を含むより広範な社会層に広く分かち持たれていると推察される。だからこそ「幅広く自由な発想で社会の問題を見つめなおす」（ＡＣジャパン・ウェブサイト）すことを目標に掲げた全国キャンペーンとして、『ライバルは、１９６４年。』は採用されたのだ。

単なるノスタルジーにとどまらず、それを体験していない者たちに憧れや敬意を感じさせる昭和に潜む魅力の真髄とは、果たしてどこにあるのだろうか。おそらくそれは、「あの頃」における「これから」の確かさに由来している。つまり、元気があった当時の社会だけではなく、その先に予見されていた未来の輝かしさが、現代に生きるわたしたちが「１９６４」に魅せられる理由のひとつではないだろうか。

高度経済成長の真っ只中にあった当時、これからの社会がよりいっそう発展し進歩していくと、当然のごとく信じられていた。敗戦による荒廃から二〇年弱が経過した「今」＝一九六四年は、「過去」＝一九四五年と比べてはるかに豊かになったのと同様に、「未来」は現在よりも発展している。そのように当時の人びとは素朴に確信できたであろう。来るべき明るい未来への期待が分ち持たれていたからこそ、たとえ現時点で経済的・社会的な差があったとしても、その克服に向け未来へと身を投じることで〈わたしたち〉の間に熱き連帯が実感されたにちがいない。

「あの頃の日本」が醸し出す魅力の源泉をこのように理解すると、それがノスタルジーの対象であると同時に、レガシーの範例として受けとめられることになにも不思議はない。そこで唱えられる理念を一言で示せば、オリンピック開催を一時のお祭りに終わらせず、「後世に遺産を残す」ような意義あるプロジェクトにすることだ。そこで強調される「後世に遺産を残す」という視点から眺めるとき、一九六四年東京大会はまさにお手本と言えるだろう。

オリンピック開幕に間に合わせるべく急ピッチで進められた都市インフラ（上下水道）や交通網（東海道新幹線・首都高速道路）の整備は、その後の東京だけでなく日本の経済発展を大きく後押しした。新たに造られた競技施設や設備（国立競技場、代々木体育館、日本武道館など）は、オリンピックを契機としたスポーツ振興に多大な貢献を果たした。こうして「１９６４」は発展・成長が見込まれていた当時の「これから」へと着実に引き継がれ、多くの財産を残したのである。

『ライバルは、１９６４年。』で強烈に喚起される当時の日本のイメージ。それは、現在の〈わたしたち〉にとってノスタルジーの対象であると同時に、レガシーの見本であることに最大の特徴がある。

自らの過去と競うことの真意

『ライバルは、１９６４年。』が呼びかける「１９６４」をライバルとみなし、対抗／競合を挑む姿勢は、一見するとごく自然なことのように見える。過去にオリンピックを開催した経験を振り返ったうえで、それ以上の成果をあげる＝「負けない」と宣言することは、「２０２０」に臨むうえで望ましい態度に思われる。だが、そこに大きな矛盾が潜んでいる。

冷静に考えれば、元気だった日本人が生きた「１９６４年」にとっての「未来」は、わたしたちが暮らす「今」にほかならない。進歩と発展が素朴に信じられていた当時、今（１９６４年）よりも未来が豊かであることは自明の理であったはずだ。その意味で視点／始点を一九六四年に置くかぎり、「未来＝二〇二〇」が「今＝一九六四」と競い合おうとするのはバカげている。なぜなら、そもそも勝敗は明らかだからだ。

しかし、現在のわたしたちにとって、「１９６４年」をライバルに見立てることはさほど奇異に感じられない。その理由は、実際に訪れた未来＝現在では、かつて素朴に思い描かれたような「こころの豊かさ」が実現されていないからだ。当時の人びとが抱いた物心ともに豊かな社会が訪れるという期待は、現実の歴史によって裏切られた。そのことの苦い認識があってはじめて、「ぜったい負けるな」という掛け声のもと、「あのとき」をライバル視することができるだろう。

将来の進歩と発展が信じられる時代ならば、過去から現在を経て未来へと続く時間の流れのなかで、「今」がかつての「あのとき」をライバルとみなすことは、およそナンセンスな発想である。ところが、現在それはごく当たり前に受けとめられている。そこに垣間見えるのは、かつて望まれたほどに未来は輝かしいものにならなかったという歴史の事実である。

ただし、過去をライバル視する姿勢は、そうした厳しい現実を自戒を込めて直視するのとはどこか異なる。なぜなら、「あの頃の日本人に、負けるな」との呼びかけには、裏切られた未来に対する悔恨や無念はみじんも感じられないからだ。

むしろ、繰り返し唱えられる「負けるな」には、かつての自分＝「元気だった日本」と競い合うことで「未来」へと歩み出そうとする「前向きさ」さえ感じられる。それは、過去からの進歩としての歴史がなかば裏切られたにもかかわらず、過ぎ去った「１９６４」を参照点とすることで「今このとき」をどうにかして活気づけようとしているかのようだ。「ぜったい負けるな。ライバルは、１９６４年。」との最後の台詞には、すでに確かなものでなくなってしまった「未来」に向け、現在の〈わたしたち〉を無理矢理にでも奮い立たせようとする欲望が見え隠れする。

ここまで見てきたように、上書きされた「１９６４」は、「２０２０」へと向かう現在の日本社会で独特なイメージを喚起してきた。それは「これまで」の日本を懐かしむノスタルジーの拠りどころであると同時に、オリンピックを迎える「これから」の日本が取り組むべきレガシーづくりの源泉ともなっている。

それでは、二〇二〇年東京大会開催に際して「ライバル」と目される当時＝一九六四年とは、戦後日本のなかでどのような時期だったのだろうか。その時代を生きた日本人たちは、なにを望み、どこを目指し、どのように生きていたのだろうか。

3 戦後日本における「１９６４」

「夢の時代」：理想から虚構へ

社会学者の見田宗介は、かつて戦後を「理想の時代」（一九四五〜六〇年）、「夢の時代」（六〇〜七五年）、「虚構の時代」（七五年以降）に区分した[6]。その議論を受けて社会学者の大澤真幸は、「理想の時代」（一九四五〜七〇年）、「虚構の時代」（七〇〜九五年）に続く時期として、「不可能性の時代」（九五年以降）を提示し、戦後日本の社会変容を大胆に論じた[7]。これらの時代区分を参照しながら、東京オリンピックが開催された「１９６４」という時代と社会について考えてみよう。

見田の分類によれば、オリンピック開催時の日本は「夢の時代」の只中にあるとされる。そこで人びとは、未来の成長や発展を夢見ながら暮らしていた。それに対して大澤は、当時の「夢」

が、理想と虚構の双方に引き裂かれていた点に目を向ける。夢とは、いつの日か現実において到達すべき目標である。同時にそれは、決して現実化しえない幻想としての側面を色濃く持つ。この点を踏まえれば「夢の時代」とは、戦後日本に生きる人びとの心性において理想(実現すべき夢)がやがて虚構(見果てぬ夢)へと変貌を遂げていく通過点として解釈できる。

オリンピック開催当時を「夢の時代」と理解することで、上書きされた当時のイメージと比較して、実際の社会がより多様な面を持っていたことをあらためて確認できる。なぜなら「夢」とは、一部の人にとって十分に実現可能なものであったとしても、ほかの人には叶わないがゆえに憧れや羨望の対象だったからだ。同じ社会に暮らしながらも、それぞれが置かれた社会経済的な状況に応じて、夢をめぐるリアリティは大きく異なっていたにちがいない。

輝かしい理念を掲げ、社会を変えることを多くの人が信じていた「理想の時代」と、高度消費社会がもたらす豊かさのもとで享楽的な快楽に身を投じていった「虚構の時代」の間に挟まれた「夢の時代」。それは実のところ、理想が虚構へと転じていく戦後日本の重要な過渡期にほかならない。再神話化された「1964」を通してでは見えてこない当時の社会の複雑な現実と深遠なる変容が、そこに確かに存在していた。

「未来」の変貌

大澤が指摘するように「理想」から「虚構」への時代の推移は、その過程で「反現実の度合いを高めて」いった(8)。ここで言われる反現実とは、現実が自らの秩序を担保するうえで必要とする参照軸を指している。つまり、「夢の時代」であれば、いまだ実現していない夢＝反現実との近さ／遠さで、実際の社会はそれ自体の現実味を人びとに実感させていた。だとすれば、「理想」から「虚構」への時代変化は、社会での秩序の参照軸がますます現実とかけ離れていったことを意味する。その過程に、現実と反現実との落差の広がりが明瞭に見て取れる。こうした変化の含意を、過去／現在／未来をめぐる時間感覚という視点から考えてみよう。

理想は「今の事実」ではないが、やがて「いつの日か現実」となることが期待されている。つまり、現時点での理想は未来の現実となりうる。そう信じられることが、戦後直後を特徴づけた「理想の時代」の条件であった。

それと対照的に、虚構には、未来での現実化＝実現はそもそも期待されていない。むしろ、虚構とはいつまでも実際には起こらないものであり、だからこそいま現在の状況と異なる反現実として楽しむことができる。それゆえ虚構の存在意義は、未来での実現可能性にではなく、現在との同時並行性にあると考えられる。つまり、日常とは異なる別のリアリティとして楽しまれる虚構は、その時制において「別の＝もうひとつの現在」を指向している。ここに見られる時間意識は、社会学者の若林幹夫が指摘する今日的な「未来の先行きのなさ」(9)の萌芽とでも呼ぶべき状況だろう。

過去からの延長線上に現在を、さらにその先に未来を展望する近代的な時間感覚は、直線的な時間経過のもとで時代は進歩・発展するとの理念と密接に結びついてきた。そうした未来のあり方がいま大きく変貌を遂げつつある点を若林は鋭く指摘するが、その端緒は「虚構の時代」の全盛期（バブル景気）にすでにあったのではないだろうか。当時、物質的な豊かさを享受した社会で、現実／虚構の同時並行に酔いしれていた人びとは、その後、バブル崩壊と「失われた二〇年」という厳しい現実に直面し、「未来」が決して確かなものでも、約束されたものでもないことを痛感させられた。それはまさに「現在と未来の喪失感」[10]と形容すべき事態であった。

このように考えると、「反現実の度合い」の高まりは、それぞれの時代での「未来」のあり方を変えてきたことが分かる。「理想の時代」で未来とは、進歩や発展が約束された「来るべきこれから」だったろう。それが「夢の時代」へと引き継がれるにしたがい、未来は「ありうべきこれから」としての様相を深めていく。やがて「虚構の時代」を迎えると、「いかようにでもあるこれから」として、未来は軽妙に消費されていった。そして「不可能性の時代」に至ると一気に反転し、未来は「行くあてなきこれから」として陰鬱に受けとめられるようになった。

こうした未来の変容という点でも、「１９６４」は両義的である。たしかに当時喧伝された「経済の時代」は、近い将来の発展と繁栄（所得倍増）を約束するものだった。だが同時に、それが理想を掲げた「政治の時代」の敗北の後に訪れたものであることを、当時の人びとは苦さをもって自覚していたにちがいない。だからこそ、そこで約束された豊かさはどこまでも夢であり、やがて虚構へと誘われていく。夢として思い描かれた明るい未来は陽気で楽しげであると同時に、そのとらわれのなさはどこか虚しさを感じさせる。

かつての日本を特徴づける「元気だったあの頃」のシンボルとして、『ライバルは、１９６４年。』が憧憬する植木等の歌唱には、見田が指摘するように、発声法で「なに一つ抵抗」が感じ

現在公式に広められている「三度の／復興のためのオリンピック」をめぐる語りは、たしかに歴史的事実に根ざしたものにちがいない。だが、そこには奇妙な違和感を禁じえない。その理由がなにであるかは、三度目の東京大会開催決定以前の段階で「幻のオリンピック」はどのようなイメージのもとに受けとめられていたかを思い起こすことで、より明確になるだろう。

スポーツイベントと社会やメディアとの関係を論じる文章では、一九四〇年に予定されていた東京オリンピックは、前回のナチス／ヒトラー指導のもとで大々的に開催されたベルリン・オリンピックとの関連で取り上げられることが少なくない。[4] そこでの主たる関心は、オリンピックを舞台とした政治とメディアとスポーツの密接な結びつきである。

レニ・リーフェンシュタール監督の映画『オリンピア』に代表されるように、当時のナチスはメディアを駆使したスペクタクル＝見世物としてオリンピックを演出することを目論み、その圧倒的なスケールは世界中に驚嘆を巻きおこした。一九三〇年代ヨーロッパでの軍事侵略を目論んでいたドイツで開催された、世界の若人によるスポーツと文化の祭典は、同時にドイツ民族を鼓舞する政治の祭典として興じられていたのだ。

この点を踏まえれば、当時ドイツと同盟関係にあった日本で四年後に皇紀二千六百年祝賀として開催される東京大会が、政治のオリンピックとしての側面を持つことは、いわば不可避であった。[5] オリンピックを取り巻く一九三〇年代後半の政治状況を念頭に置けば、これまで「幻のオリンピック」にまなざしが向けられた背景に、平和の祭典と国際関係のリアルポリティクスとの間の緊張と矛盾への危惧があったと考えられる。

ところが、オリンピック理念と現実政治の緊張関係として一九四〇年東京大会を振り返る姿勢は、現在の公式見解ではきわめて希薄である。そこでは、一九四〇年のオリンピックが「幻」と化した経緯は「結果的には、国際情勢が不安定となり中止」[6]とまるで他人事のようにあっさり片付けられる。逆に言えば、こうした歴史記述によって「関東大震災からの復興」を願った一回目の東京オリンピックは、来る「東日本大震災からの復興」を目指す三回目の東京オリンピックと齟齬なく連続的に語ることができるのである。

今日の「幻のオリンピック」をめぐる語りの布置状況には、ひとつの皮肉が見て取れる。以前のような「政治とオリンピック」ではなく「復興とオリンピック」という文脈で語られ直すことで、かつての「幻」が「前史」として人びとの前に姿を現し、より多くの者が知るところとなった。だが同時に、「三つの東京オリンピック」の共通性をことさらに唱える言葉によって、幻に終わった一九四〇年東京大会とは実際にどのようなものだったのかは、それほど問われなくなってしまった。

こうした問題意識をもってここでは、一九三〇年代日本という歴史の文脈のなかで皇紀二千六百年の東京オリムピックはどのように受けとめられ、人びとはそこになにを託していたのかを探求していこう。

2　第一二回オリンピック東京大会をめぐる時代背景

結果的に「幻」と化した第一二回オリンピック開催が模索されていた当時、日本と世界はどのような様相を呈していたのだろうか。どのような歴史・政治的な文脈のもとでオリンピックを東京に招致する構想は生まれ、その実現に向けて具体的にどのような交渉が繰り広げられたのか。どのような理由のために、一度は開催決定へとこぎつけた大会は「幻」と消えたのか。以下では、アジア初の開催となるはずだった一九四〇年東京オリンピックを取り巻いていた当時の日本の歴史・政治的状況について考えていく。

「オリンピックを東京へ」

一九三〇年代の列強諸国間での厳しさを増す軍事・政治的緊張関係のもとで、日本は満州国樹立をはじめとする中国での政策をめぐり国際的に孤立。それを解消すべくドイツ、イタリアとの協力関係を深め、枢軸国陣営としての立場を鮮明にしていく。国内では、政界・財界の癒着や腐敗に対する庶民の不満を背景に、国家革新を目指す右翼・軍部による動きが活発となり、大正期に台頭した自由主義と民主主義に根ざした政治勢力は後退を余儀なくされた。このように国民の日常生活全体を国家・軍部による統制と運用の下に置くことで戦争の遂行を継続する社会体制の礎が整えられたことが、一九三〇年代（昭和五〜一四年）における日本社会の特徴と言える。

こうした時代状況のもとで、東京にオリンピックを招致するという計画は、いつ、だれによって、どのようにして生まれたのか。当時、総合雑誌に体育・スポーツ界の動向を記した文章を数多く寄せていた鷺田成男は、東京大会開催が決まった直後の『中央公論』一九三六年九月号に掲載した論文で、東京オリンピックの起源を以下のように記している。

「昭和五年獨逸ダルムシュタット市に開かるる第三回國際学生大會にわが学生チームが山本忠興博士、森田俊彦氏に引率されて出場する折、東京市対伯林市の対抗競技會を行ふのに乗じて東京市側の寄付を乞ふた。すると時の市長永田秀次郎氏は眞顔になつて東京大會の可能性があるかないかについて歐洲スポーツ界の意圖を探ってくれと頼んだ。歐洲遠征の途上各地各人の意見を叩いた山本博士は歸朝後その可能性があることを報告した」(7)

鷺田の記述が示すように、当時の東京市長永田秀次郎の思いつきが、紆余曲折を経て一九四〇年東京大会を現実のものとした。東京オリンピック招致の起源をこのように説明するのが、現在では通説となっている。ここで興味深いのは、当時の日本のスポーツ界内部からではなく、いわば外部からの働きかけ／介入で「オリンピックを東京に」との動きが生まれた点である。その事情は、開催が決定した年の暮れに開かれた関係者座談会での、大日本體育協会専務理事・郷隆による愚痴とも聞こえる次の発言からも確認できよう。

「日本へもつてくるといふ話は前々からよりよりあつたんですけれども、結局日本にどうして來たかといふと、一番責任のない連中が一番先にいきり立つちまつたんですね。一番責任のある連中が最後にひきずられて腰を上げた。たとえば嘉納さんにしろ岸さんにしろ、體育協會の指導者として最後迄日本に開くのは早いと言って居られた」(8)

後に東京オリンピック組織委員会・事務局競技部長として大会準備に携わった郷の発言から浮かび上がるのは、当時ＩＯＣ委員を務めていた嘉納治五郎や岸清一など国際スポーツに関わる者たちの意向ではなく、永田市長をはじめとする東京市関係者の発案のもとで「オリンピックを東京へ」という壮大な計画は動き始めたという史実である。

東京開催の意義

それでは、東京市はどのような理念と目標を掲げてオリンピック東京大会開催を目指したのだろうか。永田市長から山本博士への依頼がなされた翌年、東京市議会は全会一致で「國際オリンピック競技大會開催に関する建議」（一九三一年一〇月二八日）を採択している。その内容は、東京市の報告書によれば、次のようなものであった。

「第十二回國際オリンピック競技大會を我が東京市に於て開催し得る様理事者に於て適當なる處置を講ぜられたし。

理由

従来國際オリンピック競技大會は各國主要都市に於て開催されたるも未だ曾て東洋に於て開催せられたることなし。

復興成れる我が東京に於て第十二回國際オリンピック競技大會を開催することは我國のスポーツが世界的水準に到達しつつあるのに際し時恰も開國二千六百年に當り之を記念すると共に、國民體育上裨益する處尠からざるべく延ては帝都の繁栄を招来するものと確信す」(9)

東京大会開催の理由を記した建議書は、アジア初となるオリンピックを東京で開催する意義、日本のスポーツの水準を世界に示すことへの矜持、皇紀二千六百年の祝賀、国民体育の向上への貢献に言及したうえで、大会開催により「帝都の繁栄」がもたらされると訴える。ここで興味深いのは「復興成れる我が東京」との表現である。この文言からは、関東大震災(一九二三年)から八年が経過した当時、震災復興は果たされた、と東京市が自己認識していることがうかがわれる。つまり、オリンピック東京大会は「復興」が目的ではなく、「復興後」のさらなる繁栄を目指す帝都が取り組むべきプロジェクトとして構想されていた。

こうして東京市のイニシアティヴのもとで始動した大会招致は、一九三二年に開催されたロサンゼルス大会でのＩＯＣ総会の場で、嘉納・岸両委員によって正式に提案された。だが、第一二回大会(一九四〇年)開催候補地としてすでにローマ(イタリア)、ヘルシンキ(フィンランド)をはじめ九都市が名乗りを上げていた。東京は招致合戦に遅れるかたちで参戦したのである。

ところが、嘉納・岸両委員が日本建国二千六百年の記念に東京大会を開催することの意義を訴えると、オーストリアのシュミット委員、スウェーデンのエドストロム委員、さらにロサンゼルス大会組織委員長ガーランドからも、賛意が寄せられたという。こうしてＩＯＣ総会の場で東京開催提案が好意的に受けとめられたことで、それまで招致に必ずしも積極的でなかった日本体育界の重鎮たちも、本腰で東京招致に向けて動き出すようになる。

多くはオリンピックそのものを宣伝するのではなく、「オリムピック祝賀売出」や「祝オリムピック記念大売り出し」というコピーが物語るように、東京大会開催に乗じて商品を売り込もうとする内容だ。

記念品についても、時計、ハンドバック、ネクタイなどの定番から、タオル、扇子、団扇、便箋といったより日常生活に根ざした小物、さらにチョコレートに及ぶまで、「早くもオリムピックにはり切つた日本の商品」が写真入りで紹介される。(18)五輪デザインをあしらったさまざまなモノからは、オリンピック記念と称してありとあらゆる商品を広告しようとする、業界関係者たちのあくなき商魂が伝わってくる。特集号に掲載された図版を眺めれば、一九四〇年大会の開催地として東京が決定した直後の時点で、広告業界ではすでにオリンピック商戦が活発に繰り広げられていた様が分かる。

この「オリムピック特輯號」には、三名の関係者が短い文章を寄せている。次に、その内容をみていこう。経営指導家の岡田徹は「皇紀二千六百年・東京オリムピックだ　製造家よ小賣商店よ準備はよいか！」とのタイトルのもとで、広告製作者に次のように呼びかける。

「皇紀二千六百年は日本の「節」である。この劃期な大典を契機として、躍進日本の第二段の新興計畫がジャンプする。皇紀二千六百年こそ、東京オリムピックの有無を度外視して、凡ゆる部門の繁榮運動の國家目標のゴールである。日本は皇紀二千六百年を賭すのだ。製造家よ！準備は良いか？この國家的新興計画に参加せよ！」(19)

この檄文だけを読むと、あたかも国粋主義的な立場から関係者の動員を目論んでいるかのような印象を受ける。しかし、実のところ岡田の文章の真意は別のところにあると思われる。なぜなら、巷で喧伝されるオリンピックの経済効果は実際にはそれほど期待が持てるものではないと冷静に見極めたうえで、より確実で具体的なマーケティング戦略を提案しているからだ。

そこでは、オリンピックはその「宣傳的価値」が注目されており、この機会を有効活用し商品をいかに宣伝するかが広告界に問われているとされる。こうした経営指導家としての冷静な判断にもとづき、関係者に対して新興計画への参加に向け「準備は良いか?」と岡田は呼びかける。大会開催までの四年間を見越した準備の具体案としては、「製造家オリムピアード計畫案」と「小賣商店ウエルカム計畫案」が提案される。前者は商品の製造・販売・広告に関する計画方針(「サービス・ステーションを設けよ!」など)、後者は小売商店の更生計画(「街頭の美化に積極的に乗り出せ!」など)の奨励である[20]。

岡田による業界関係者への檄文は、一見すると皇国イデオロギーを信奉するかのように見えながら、その内実はオリンピック/皇紀二千六百年という絶好の機会を用いて、いかにして自分たちの商売を促進させるかをしたたかに企む広告ストラテジーとしての側面を色濃く持っている。『廣告界』編集長の宮山峻は「オリムピック説法」で、東京大会を迎えるにあたって期待されるさまざまなビジネスチャンスについて論じている。

オリンピック開催時に多くの外国人が日本/東京を訪れることが予想されるが、当時それに見合うだけの数のホテルはなかった。関東大震災後には簡易な近代的アパート(コンクリート造りの集合住宅)の建設が行われていたことを踏まえて宮山は、「アパート新築のプランを持っている人は、完成日をオリムピックの期日と附節するやうなスケディユールを持つことは、最も賢明ではないか」と言う。なぜなら、海外からのオリンピック観戦者にとって「経済的で、而も氣軽なアパート住ひは、彼等のオリムピック見物氣分を、最も屈託なくする」[21]ので、ホテルや民宿の代わりにアパートに観光客を宿泊させるビジネスには大いに見込みがあるからだ。

また、競技会場と目される神宮外苑付近に食事施設を新設するのは到底不可能であると指摘したうえで、移動店舗として「レストラン・バス（喫茶自動車）」を提供すれば歓迎されるだろうと述べる。さらに、外国人観光客への娯楽提供として「振袖姿の日本娘と、夢のやうなステップを踏みたいだろう」彼らを歓待する「國際社交機関」としてキャバレーが不可欠だと提言する。[22]オリンピックに乗じたビジネスの機会を具体的に列挙する宮山の説法は、当時『廣告界』ならびにその読者層がどのような思惑をもってオリンピックを迎えようとしていたかを如実に物語っている。

一方、広告研究者の森崎善一は「五輪章を迎えて　我が政府の宣傳政策」との論考を寄せている。そこで森崎は、オリンピック招致は「日本を世界に宣傳するためで、我國の文化、日本の精神、産業の日本、交通、風光を、本當に味わって貰ひたいと思ふ。従って國民もその積りでやつて貰ひたい」[23]との永田秀次郎拓務大臣の話を引き合いに出し、日本人がこれまでのように「自ら宣傳することも、亦宣傳されることも好まない」ままでは「世界の國の人が、日本を愛してやらう、日本に好意を持ちたいと思つても、日本と云ふものを知らなければ、どうすることも出来ない」と宣伝下手の日本の現状を嘆く。[24]

そして、ベルリン・オリンピックでのドイツの国家的な宣伝戦略を紹介し、それと比較して日本では、「二・二六事件」を受けて「連絡情報委員會」発足の動きなどはあるものの、国家による宣伝体制はいまだ不十分だと指摘する。オリンピック準備においても、文部省體育課と観光局のそれぞれで組織化されていることを「根本的に考へ違ひをして居る」[25]と手厳しい。

このように日本での宣伝体制の不備を述べたうえで森崎は、「當局者は、設備、競技、都市、交通、公徳と共に、全國民のオリムピック態度に就いて、一糸亂れぬ統制を保つための宣傳統制を實行せねばならない」と訴える。世界各国の民族が東京に集結するのであり、われわれはそこで「笑はれてはいけない」のであり、躍進する日本の姿とともに「世界のいづれの國にも、持ち合わせないところの日本の味の藝術――茶、花、能」を全世界に見せつける必要がある。そのためにも「この機會に、日本人の良き態度、よき精神を、眞に正しく世界の人に認識して貰ふことに就いて、國家はまづ考へなければならない」[26]と「我が政府の宣傳政策」の責務を唱えて、論を終える。

岡田や宮山の文章と比べると、森崎の文章には国家主義的な気負いが感じられる。それは、オリンピックというイベントに便乗して広告業界を活性化させようとする動きと矛盾するものではない。世界に向けた国家広報であれ、消費者に向けた商品広告であれ、それを効果的にするうえで求められるのは、統制のとれた「宣傳」だからだ。その重責を担うことを期待される宣伝省の設立を、ほかならぬ広告業界関係者たちが切望していた。次に、広告や宣伝を統制・管理する組織や制度への期待が、オリンピック開催との関連で関係者の間でどのように抱かれていたのかを見ていこう。

自由と統制：「宣伝省」への期待

特集号では「オール・精鋭プランメーカー・キャスト☆第十二回オリムピック・プラン・オンパレード」と題して、三八名の関係者に「四年後のオリムピックには、内外の御客を目ざして、どんな宣傳や仕事が新しくおつ始りませうか、空想に近いものでも何でも構ひません、痛快なところを一つお聞かせ願ひたいです」[27]との質問を投げかけている。各人の回答は「來るオリムピック」を広告界の人びとがどのように受けとめていたかを知るうえで、たいへん興味深い。

多くの回答に共通して見られるのは、新たなテクノロジーを用いた広告への期待だ。当時、テレビは近い将来実現するテクノロジーとして注目を集めていた。オリンピックを中継する媒体について「四年後にはテレビジョンが今のラヂオと同様迄には行かなくとも相當普及し寝ながらにして競技の實況を見物し得る」（日本産業統制課・田中要人）や「テレビイジョンの商業的成功！全世界にテレビイ放送」（レイアウト工作聯盟・瀬根普編太）、さらには「テレビジョンでせう。凡そ縦横五十米以上もあるという超大スクリーンを、強力ガス充填の繋留氣球でガッチリ宙天につり上げます」（テンポ・スタヂオ・秋元治男）との言葉からは、新たなテクノロジーであるテレビへの素朴な期待と、それを用いた広告への野心がうかがい知れる。

次に指摘できるのは、宣伝の意義や重要性を国民教育との関連で位置づける意見が散見されることである。たとえば、オリンピックでは「外客には進んだ點を見せるよりも、後れた點の無いこと」を示すことが重要であり、そのためには「外國人に笑はれるやうな施設や穿き違へやトンチンカンな風習を改めるための教育宣傳」（ビクター宣傳部長・峰村幸三）を提唱する意見や、「外客誘致の宣傳と共に國民再教育化」の必要性を唱え、オリンピックは「日本國民に「正しい宣傳」を認識させるチャンス」（レイアウト工作聯盟・佃正夫）と主張する立場からは、外国からの視線を意識したうえで宣伝活動を通じて日本／国民を「正しい」方向へ変革しようとする広告関係者たちの使命感が伝わってくる。

こうした「正しさ」への指向との関連で宣傳省の必要性が語られていたと思われる。レイアウト工作聯盟の辰井じゅんは「素晴らしき空想」と断ったうえで、以下のような意見を述べている。

「＊宣傳省の開設

＊宣傳大臣に就任（何ト心臓ノ強キトヨ）

＊あらゆる宣傳廣告を日本精神の下に統制す（商業美術作家の外國ポスターノ模倣ナド一切禁止ス）

＊外客の期待に背かざる様日本國中の女性を全てゲイシャ・ガールとす（ヨキデハゴザラヌカ）

＊右宣傳大臣発表の施政要綱の一部」[28]

辰井の「空想」は諧謔に満ちていて、どこまでが本気なのかは判然としない。それに対して森正雄（レイアウト工作聯盟）の見解は、より具体的であると同時に、ある種の気負いを感じさせる。

「＊何よりも宣伝省乃至は宣傳協會の設立が急務、強力な権利を付與された宣傳統制の機関として活躍させる。これと同じ程の重要さを持つのが宣傳計畫の確立だ！——何をどうしていつ誰に？――これへの解答がすべてを指導する筈である。
＊どのようなオリムピックのプランも宣傳も日本紀元二千六百年記念！を忘れたプランは何にもならない。
＊宣傳省の直ぐかからねばならない仕事は東京オリムピックのマーク制定、それから日本及日本人の眞實を知らせるべきパンフレット映画――ニュース・リールをも含む――ニュースペーパー並びにジャーナリズムの統制」[29]

この二人以外にも「宣傳省」に言及する関係者はいた。当時の広告業界では、一見すると自由な広告作成や営業活動を規制・統制するかに思われる宣伝省は、広告関係者自らによってその必要性が認識され、設立が提唱されていたのである。もちろんそこには、時局の変化を敏感に読み取った政治的な判断が働いていただろう。だが同時に、科学的な計画にもとづき正しい情報を効果的に宣伝・広告するという目的に照らしたとき、統一的な計画のもとで全体にわたり宣伝戦略を講じる国家的組織の設立は、広告業界にとって決してマイナス面だけを意味したわけではなかったと思われる。

『廣告界』でのオリンピックの取り上げられ方の検討を通して浮かび上がるのは、一九三〇年代の日本社会に見られる奇妙な両義性と、その文脈での一九四〇年東京大会の受けとめられ方の多層性である。一方で人びとは「オリムピック東京に來る」をお祭り騒ぎのように喜びながら、他方で軍部・右翼の台頭を確実に感じとっていた。永遠に栄える日本を祝う皇紀二千六百年祝賀は、現実には国際的な孤立に晒され、国民総動員体制による国防を強いられた窮状の只中で目指されていた。自由な発想のもとでモダンなデザインを施したポスターは、同時に正しい／恥ずかしくない日本の姿を国内外に示そうとする国家的矜持と渾然一体となって作成されていた。

このように消費・祝賀・自由と戦争・国防・統制が微妙なバランスのもとで、互いに矛盾することなく表裏一体となって成立していた状況が、一九三〇年代日本の特徴であったと考えられる。それは、ルオフが指摘した「光と闇の共存」にほかならない。現在のわたしたちの「後知恵」で考えると奇異に思われるこうした文脈のなかで、東京オリンピックは迎え入れられたのである。この点を十分に踏まえて、次節では当時のメディア言説で「来るオリムピック」がどのように語られていたかを、より具体的に分析していこう。

4 オリンピックをめぐるメディア言説

『改造』誌上での識者アンケート

総合雑誌『改造』は、オリンピック東京開催が決定したことを受けて「第十二回オリムピック東京開催に関する感想及び各方面への希望と註文」と題した葉書によるアンケートを実施し、その回答を一九三六年九月号に掲載した。[30] そこには、政治家、官僚、学者、新聞人、実業家、医師といった多彩な顔ぶれによる「希望と註文」が記されている。この葉書アンケート内容の検討を通して、一九三六年当時の人びとがどのようにオリンピック東京開催を受けとめ、どのような課

な使命を担った「愛國の志士、ないしは戦場の勇士」であり、彼らを突き動かしているのは「スポーツ精神なんではなく、國民精神や民族心」(八五ページ)だとされる。

こうして、無価値なるゆえに明朗であることがスポーツ自体の価値であるにもかかわらず、オリンピックは不明朗な存在と化している点を厳しく指摘し、さらに「低劣な祖國感情に阿ねつたり、俗流のそういふ感情を煽動したり、またはそれを利用することが、つねに東西両半球を醜く蔽う」ことに注意を喚起する。そして、より具体的な懸念事案として、国家・民族意識のもとに満州国がオリンピックへの参加を要求する可能性に触れ、そのことが「東京オリムピックの展望を暗くする」(八六ページ)と悲観的な予想を述べて論を終える。

それ自体のほかに価値を見出さないという明朗さにスポーツの意義を見て取り、その観点からオリンピックの不明朗を批判する山川の議論は、きわめて秀逸なスポーツナショナリズム批判である。その不明朗に気づくことなく東京オリンピック招致決定に歓呼する日本国民の心情を冷静に分析する語り口は、当時の日本社会の危うさを鋭くえぐり出す時事批評として他に類をみない。加えて、日本の帝国主義的拡張の結果として生まれた満州国がほかならぬ帝都東京でのオリンピック開催に暗い影を落とすとの予言は、国家資本主義のもとで進行する帝国の論理とナショナリズムの論理の内的矛盾を具体的に論じたものとしてたいへん意義深い。

(2)戸坂潤「オリンピック招致の功罪」

マルクス主義者/唯物論哲学者として名高い戸坂潤は、『エコノミスト』一九三六年九月一一日号に掲載された「オリンピック招致の功罪」で、当時の時代状況に言及しつつ東京オリンピックが日本にもたらす影響の「功罪」を論じている。[32] まず戸坂は、いかにもマルクス主義者らしく、国際関係を階級対立として捉えた新聞紙上での意見(国際政治学者・神川彦松)を紹介したうえで、オリンピック招致をめぐる入り組んだ対立図式を解説する。

第一二回大会の開催都市は東京とヘルシンキの二つで争われたが、それぞれを支持した主たる勢力は「ファシスト国家(ドイツ・イタリー・ポーランド・オーストリー等)」と「人民戦線国家(フランス・スペイン等)」であった。それぞれの支持勢力における大国／小国(IOCでの保有投票数の多寡)の違いに触れつつ戸坂は、オリンピック招致合戦には国際的な階級対立が反映していると指摘する。そして、先に検討した『改造』でのアンケートに回答した識者の中にこうした「國際的な政治現象」としてのオリンピックに触れる者がいなかったことは「多少意外だった」と振り返る(一七ページ)。

マクロな国際関係／階級対立の視座からオリンピックを政治現象として理解したうえで、「だがさうはいっても、四年後にオリンピックが東京で行われるといふことは、とに角愉快なこと」であり、その理由は「なぜならとに角賑やかなことは景気がよくて面白いから」(一七ページ)だと、戸坂は意外な見解を述べる。

とはいえ、いったんはオリンピックを肯定するかのような物言いをした直後、『改造』誌上で識者たちが示した意見を冷ややかに振り返るかのように、経済効果や体育向上はそれほど期待できるものではなく、また外国人が来日することは日本文化への尊敬を生み出すだけでなく、反対に民衆生活の遅れや不潔さが国辱として晒け出される可能性があることを指摘する。そして、結局のところ「賑やかで面白くていい気持ちだといふ以外に大してオリンピック東京招致の実質はない」と断じるのだ。

こうして世間一般に見られるオリンピック騒ぎを突き放した後、それでも「われわれにとって他にある一つ二つのプラスをオリンピック招致はもたらすだろう」(一八ページ)と「功」としての影響が展望される。ようやくここから、戸坂独自のオリンピック論が始まる。

まずは、東京をはじめとして日本の各都市が「今日よりももっと都会らしい体裁を具えさせられる」可能性が述べられる。外国からの視線を意識することで、現在の貧弱な都市の姿が改善されると期待されるのだ。

次に、オリンピックを機に「旅客飛行機とかテレヴィとかいふものの技術的進歩が促進されるだろうが、そのことは「近代都市生活者にとっての楽しみ」である。新たなテクノロジーの発展に夢と期待が託され、それはなによりも「楽しい」ことと受けとめられる。こうした楽しみにこそスポーツの意義はあり、それは「普通考えられている以上に相当厳粛なもの」だと述べる。だからこそ「オリンピック東京開催について、民衆の生活を楽しくし愉快にする側面から、希望を大きくしてもいい」と、そのプラス面を評価する。つまり、日常に楽しさをもたらす点でオリンピック開催には大きな意義がある。

だが、楽しいオリンピックは同時に「日本國民に対して或る種の教育的効果を有つ」点に、戸坂は注意を向ける。なぜなら、多くの外国人が訪れることで日本に対する国際的評価が「民衆の風俗生活を見て下される」ようになると、日本人自身が「國民の幸福といふものが正直にいってどこにあるか」をあらためて考えるからだ。そのことで「民衆の日常生活のために日本はもう少し國庫を費してもいいではないか」との気持ちを人びとが抱きはじめることに、戸坂は期待を寄せる。それと逆に軍部は、オリンピックを介して民衆が自らの生活状態に疑問を抱く危険があるからこそ「お祭り騒ぎはクダラぬ極み」だと言って白眼視すると論じる(一八ページ)。

このようにオリンピックという祝祭を契機に民衆が自らの幸福に目覚めることの意義に触れたうえで、戸坂は当時問題視されていた「日本婦人の外人崇拝」について興味深い見解を述べる。彼によれば、日本女性の外人男性崇拝は巷で喧伝される「日本婦人の貞操観念の薄弱とか外國人の不良性とかいふ問題」ではなく、「市民生活の貧弱な水準に照し合はせて発生して来る消費者婦人に特有な心理」だとされる。つまり、諸外国と比較して日本人の生活水準が低いために「外人崇拝」は生じるのであり、その象徴的な担い手が「日本婦人」であるにすぎない。だからこそ、それは民衆生活のあり方それ自体に関わる「深刻な現象」だとされる。

もちろん戸坂は、一九三四年にマニラ(フィリピン)で開催された極東大会の際に話題になった「外人崇拝」が今後日本の国辱になりかねないと人びとが懸念していることを、十分に承知している。だが、もしオリンピック開催で国辱が世界に晒されるとしても、それは日本が「國費の社会施設的運用にケチケチしてミリタルな運用に営々とせざるを得ない」ことの当然の帰結なのだから、その恥辱は「軍民ともに、我慢しなければならぬ」(一八ページ)と言い切る。

以上のように議論を展開したうえで、「オリンピックのお祭り騒ぎは國防の観点から見て、褒めていいか、怒鳴りつけて良いか、今の所ちょっと決りかねる」と結論づける。その理由は、一方で「「日本民族の優秀性」を証明するには良い機会」だが、他方でオリンピックが「國際平和の足しになるからといって、戦争反対思想の足しに」ならぬともかぎらないからだ。だからこそ、招致の功罪は「プラスかマイナスか判じかねる」のである（一九ページ）。

このように国家・国防との関連でオリンピック騒ぎにはプラスとマイナス両面があると述べる戸坂は、最終的にその両義性に期待をかけていると見受けられる。それゆえ、オリンピック招致により「少しでも市民の生活施設が國家的に配慮」されることで、生活向上を目指した政策こそが「國家の責任」であると多くの国民が理解すれば、それは「人民にとって相当意義がある」と論じられるのだ。生活向上へと人民の覚醒を引き起こす点にオリンピック招致の意義はあり、それ以外のスポーツ競技の勝敗、結果、記録などは「第二の問題」であり、度外視してかまわない。そうした態度こそが「日本民衆にとっての立派なスポーツ精神」（一九ページ）である。そう断じて戸坂は論を終える。

当時の国際政治での競合をファシスト国家と人民戦線国家の間の階級対立として捉え、それが如実に反映された事例として東京オリンピック招致を分析する戸坂の議論は、一九三〇年代の国際スポーツと政治の関係を考えるうえでたいへん興味深い。経済効果や国威発揚など当時の社会で取りざたされていた「オリンピックのお祭り騒ぎ」を冷静に見極めたうえで、東京大会開催に伴うプラスとマイナス両面を精確に分析し、その両義性に可能性を見出そうとする論旨展開は、同時代のほかの論者と比較してきわめて独自である。そこにマルクス主義特有の弁証法的思考と想像力を見て取ることは、あながち的はずれではないだろう。

ここで興味深いのは、オリンピック招致に潜む両義性への期待が「楽しさ」という価値に準拠して唱えられている点だ。オリンピックを機に新たなテクノロジーが生み出され、生活が楽しくなる。そもそもオリンピックで競われるスポーツ競技とは、「楽しさ」以外にその意義を持ちえない。こうした「楽しさ」に根ざして民衆は自らが置かれた貧しい生活のありようを自覚しはじめるだろうと期待する戸坂の立論は、スポーツイベントが社会と政治に引き起こす変革可能性を具体的に探求した議論として意義深い。

さらに、楽しさ／豊かさの実現に向かう民衆の力に寄り添う立場から展開される「日本婦人の外人崇拝」をめぐる分析は、きわめて出色である。当時、国際競技会の折に問題視されていた日本女性の外国人男性アスリートへの熱狂や崇拝を「貞操の問題」として片付けるのではなく、そうした婦人たちの欲望が生み出される経済・社会的な背景に目を向けることで「深刻な現象」と捉えた。その慧眼は、当時勃興しつつあった消費社会での「女性」をめぐるジェンダー・ポリティクスに光を当てた嚆矢として高い評価に値するだろう。

都市美への眼差し

山川や戸坂といった当時の左翼知識人は、国際的な政治・経済というマクロな観点から東京オリンピック招致に潜む課題と問題を論じた。それでは、よりミクロな日常に根ざした立場、とりわけ開催地である東京に内在した視点には、オリンピック招致はどのように映っていたのだろう

にスポーツを介して「國民全體の體位が向上し、國民の平均年齢がせめてより十年は延長し、欧米のそれと相及くまで」になる必要がある。それを実現するうえで「何よりも體育の設備が普及」(三五三ページ)することが不可欠だとされる。なぜなら、スポーツに取り組むための施設や環境の充実は、国民体位の向上、ひいては戦争遂行に貢献するからだ。

オリンピックの東京開催がいつ実現しようとも、それと関係なく「日本國民の體位は向上すべきで」あり、「國民をあげての體位のレベルの向上」によって優秀なスポーツ選手は輩出するのであり、そのことで「益々一般體位の向上」は果たされる(三五三ページ)、と下村は主張する。そのようにして「オリムピックを乗り越える」ことが、これから求められているのだ。

ここには、戦時下の喫緊課題である国民全体の体位向上に向けてスポーツが大いに役立つことをなんとしても論証しようとする思惑が見て取れる。スポーツの意義を堅持すべく、戦争遂行のうえで不可欠な兵士の体位向上とスポーツ選手の育成は両立しうることが主張される。論考を締めくくる「東京オリムピックは返上された、我等はさらに東京オリムピックを乗り越えてゆくまでである。そこにスポーツ精神がある、日本精神がある」(三五五ページ)との言葉は、これからのスポーツは戦争との密接な結びつきを目指すとの自己宣言のように響くだろう。(37)

明確にされなかった理念

永井と下村という東京大会組織員会幹部の論考を検討することで、当時、時局とオリンピック開催との間に生じた緊張関係がどのようなものであったかが浮かび上がる。開催決定当初はお祭り騒ぎに浮かれた世論にも、中国での戦局が深刻化・長期化するにつれて反対や中止の声が湧き上がる。また、当初からオリンピックに冷淡であった軍部は、さまざまな機会に開催に水を差すような態度と行動を示す。そうした厳しい状況のもとで、大会関係者たちは苦難の日々を送っていたことが二人の文章から伝わってくる。

同時に、下村が「近頃此事業に関係した三人」と自分たちを表現していることが示唆するように、東京大会開催準備に携わる組織体制は必ずしも統制が取れていたわけではなく、また首尾一貫した方針のもとで運営されていたわけでもなかった[38]。東京市と大日本體育協会との対立と不協和は容易に解消されず、そのことがさまざまな問題を引き起こしたのは紛れもない事実である。その意味で、大会組織委員会関係者を政府による一方的な軍事政策のもとで大会返上を強いられた「犠牲者」とみなすことは適切ではないだろう。

他方で、永井と下村の言葉からは、未曾有の一大事業であるオリンピックの準備に直接関わった人物たちが直面した苦悩や苦渋が読み取れる。彼らの述懐は、オリンピックの意義を十分に理解しない世論や軍部を相手に、スポーツ関係者たちが悪戦苦闘する様子を伝えている。ここで興味深いのは、二人の文章でオリンピック理念やスポーツ精神が語られるものの、その内実は彼ら自身の言葉として必ずしも明確に示されていない点である。

たしかに、永井はクーベルタンの言葉を引いてオリンピック理念の価値を唱え、下村は国民の体位向上のために「スポーツの眞精神」の発露が重要だと訴える。だが、それらはあまりに抽象的で、具体的な中身を伴わない。すでにそれまで近代オリンピック運動では、古代オリンピアの歴史に記された休戦との関連で世界平和や国際友好の理念が謳われてきた。しかし、一九三〇年代に厳しさを増した世界情勢のもとでどのようにそれを実現するのかを、大会組織委員会関係者は明確に示し得ていない。その意味で、繰り返し言及されるオリンピックの理念やスポーツの価値は、どこまでも建前としてのレトリックにとどまっていたと言わざるを得ない。

東京オリンピックを推進する立場にいた二人の論考でスポーツの重要性は唱えられるものの、それ独自の価値が具体的になにであるかは不明である。それゆえ、スポーツの意義は、その時々の情勢に迎合／妥協するかたちで「国民体位の向上」や「体育教育」といった軍国主義的イデオロギーを色濃く伴う理念と実践へと、容易に回収されてしまったのではないだろうか[39]。

もちろん、それぞれの論考に共通する「国民体位の向上」や「皇紀二千六百年」への頻繁な言及は、軍部の力が増長していた当時の時局下でスポーツ界を保守／死守するための一つの戦略だったことは容易に理解できる。そうした面があったとしても、結局のところ二人の大会組織委員会幹部は、オリンピックとスポーツそれ自体の価値と意義を積極的かつ具体的に提示できなかった。このことは、深く記憶しておくべきだろう。

「危機への予感」と「祝賀への期待」との間の奇妙な近さ

ここまで、総合雑誌という当時影響力を有していたメディアを対象として、識者や関係者たちが東京オリンピックをどのように受けとめ、それを迎え入れていたかを検討した。そこから明らかになるのは、皇紀二千六百年に「來る東京オリムピック」はメディア言説できわめて多様な観点から取り上げられ、それを人びとはそれぞれの思惑のもとで受け入れていたという歴史の事実である。単にスポーツの祭典としてだけでなく、さまざまな可能性をはらんだ国際的な催事＝イベントとして、当時すでにオリンピックは意味づけられていた。

ただし、ここで不思議なことに気づかされる。結果的に「大会返上」となり「幻」と化した一九四〇年大会への過程で、大会関係者たちは開催を目指して積極的に発言していた。しかし、オリンピック招致・開催にとってなによりも重要なスポーツそれ自体の価値や意義は、必ずしも十分に語られていない。クーベルタンの言葉が引用され、オリンピック理念が繰り返し唱えられるものの、そこでスポーツ独自の価値が説得的に論じられたとは言い難い。スポーツを語る大会当事者たちの言葉は、どこか凡庸で貧困だったと言わざるを得ない。

それとは対照的に、体制に対して距離を取る知識人たちの言葉には、オリンピックが置かれた政治・経済的な状況の正確な分析と同時に、スポーツ自体をめぐる重要な問いが読み取れた。スポーツの意義を山川は「明朗性がある」ことに、戸坂は「楽しい」ことに見出していたが、彼らのスポーツ観は一九三〇年代中盤以降に日本のスポーツ界がたどった運命を思い起こすとき、きわめて示唆に富む。なぜならば、戦時下で国民の体位向上・体育教育という軍事的イデオロギーに吸収されたことで、オリンピック開催決定直後のお祭り騒ぎの中で一瞬垣間見えたスポーツの可能性は、その後十分に探求されることがなかったからだ。

その窮状は、現在にまで引き継がれているように思われる。オリンピックという世界的イベントを国際政治との関連で捉え、さらに国民に広く分かち持たれた矜持や熱狂との関連で開催の意

ージ）

当時のスポーツ界の中枢を占めていたのがいわゆる帝大・一流私大出身のエリート層であったことは、いまでは広く知られている。そうした上流階級の目から見たとき、労働者階級に属する選手たちは、たとえ競技で優秀であってもオリンピックに参加する資格を欠いた存在と映っていたことが、ここからうかがい知れる。こうした差別意識は、スポーツの理念と密接に結びついていた。「文化」の担い手から「黒ん坊」や「朝鮮人」を当然のごとく排除する柳澤は、昨今のスポーツの課題に触れて次のように発言する。

「ですから要するに根本問題は勝ち負けといふことが第一の問題であるのがいかんので、負けても日本精神というか、スポーツマンシップを出してゆく……だからロンドンに行ったボートの連中ですね、あれは見るかげもなくやられたでせう。けれども非常に評判がよかった。タイムなんかも非常に褒めていたですね。僕はあれだと思ふんですが」（「座談会」三五〇～三五一ページ）。

あらためていうまでもなく、当時ボート競技は大学スポーツの花形であった。生活や金のために競技する労働者ではなく有閑エリートこそが、スポーツマンシップの担い手とされる。ここから分かるのは、勝利第一主義への批判として柳澤が唱えるスポーツマンシップの重要性は、実のところあからさまな人種・階級差別を背景としているという厳然たる事実だ。

女性への差別

先に検討した戸坂の議論でも触れられていたように、極東大会で外国人選手に夢中になっていた日本人女性の姿は世間の耳目を集めた。この座談会でも、そのことが「サインとか風紀問題」として話題にされた。そこで柳澤は「警視庁がダンスホールを閉めちやふ」ことが新聞に載っていたことを取り上げ、警察権力がサインの取り締まりなどに乗り出すことに疑問を呈する。その理由として「それは自由主義なんだ」と主張する。

一見すると柳澤の立場は、オリンピック／スポーツを楽しむ民衆の自由を尊重する進歩的なものに映らなくもない。ところが、座談がより具体的に「サインを求める」女性に及ぶにつれて、柳澤をはじめ各氏がごく自然に抱いている女性への独特な意識が露呈する。

「郷：かういう噂があつたんですが――あれは多くの横浜の女が出てきて営業でやつたので実際の良家の子女とか女学生は少かった。殊に相手がヒリッピン人でせう、世界一の女たらしの。それは中には良家の子女もあったでせうが……

平沼：良家の子女といってもそんな澤山もないのだぜ。

久米：警視庁の目で見れば何でも……

柳澤：新聞記者がサインを求める現場を見たといふんだね。もう押しあひへしあひでひどいものださうだ。女学生だか本牧だか知らんけれども。

平沼：郷さんが言ふのはそれ以上のことですよ。サインを求めるのは澤山ありました。

郷：われわれが外國へ行ったってそれは大変なものですよ。

柳澤：いや、ですから普通の状態で求めるのはいいけれども、男ぢゃなくて女の連中がまるで眼の色を変えて取り巻いてやるといふんだ。あの状態は困る……。

郷：いや、眼の色を変えてといふのは此方の主観です（笑声）。
草間：おしあひへしあひといふ気分は出ていましたね。
平沼：サインはなんでもないですよ。横浜の奴が出て来てサインもらふ必要ないものね」（「座談会」三六一ページ）。

ある程度気心の知れた仲間内でのやり取りであるとしても（岸田、小林の二名はこの話題に一切触れていない）、ここには当時のスポーツ界を担っていたエリート男性たちがごく自然に持っていた女性イメージがはしなくも表れている。異国の男性に夢中になる女性を「横浜の女」（娼婦）と「良家の子女」（処女）と語ることが示唆するように、たとえ当時のエリートに特有の国際感覚やリベラリズムで彩られていたとしても、彼らの意識の根底には度し難い女性差別が潜んでいた。

部分的かつ断片的ではあるが、東京オリンピックをテーマとした座談会の記録から、当時のスポーツ界を担う日本人／男たちがどのような差別意識を持っていたかを検討した。あらためて言うまでもないが、後世の視点から一方的に過去の人びとの言動を差別的であると断じることに、それほどの意味はない。むしろ、ここでは、座談会で自由に語る彼らに見て取れる民族／階級／性をめぐる認識は、彼らが奉じるスポーツ理念と密接に結びついている点に注目したい。

当時のエリート男性たちは、「自由主義」や「文化事業」という言葉でスポーツの価値を語っていた。だが、その崇高な理念の担い手として想定されるのは、結局のところ一部の者だけである。

自由に振る舞うことを許され、優雅に文化事業に興じる権利を持つのは、彼らにとって「自分たち」にほかならない。独立を夢見る植民地の他民族も、日々生活のために働く労働者も、異国男子にうつつを抜かす女性たちも、そこには決して含まれない。本来であれば、集い関わる人びとに自由・平等・連帯をもたらす可能性を秘めたスポーツという実践は、彼らにとつて自らの地位と利害を保証するかぎりで意味を持つにすぎない。こうして、当時のスポーツ界に君臨していたエリート男性たちの間で、差別意識とスポーツ理念は矛盾することなく、むしろ密接に結びついていたのである。

スポーツマンシップという言葉に象徴されるスポーツ独自の価値は、当時からすでに重視されていた。だが同時にそれは、ここで指摘したような差別を暗黙の条件としていたのだ。その意味で、日本人／男たちの会話の端々に現れる他民族／労働者／女性への差別は、声高に自由と平等を唱える崇高なスポーツ理念からの逸脱ではなく、その構成要素にほかならない。

こうしたスポーツに潜む差別の構造は、巧妙にかたちを変えながら現在にまで引き継がれているように思えて仕方がない。その点で、オリンピックを縦横に語る当時のスポーツ界関係者たちの差別意識を振り返ることには、現代的な意義があると考える。

7 〈一九四〇年〉と〈二〇二〇年〉の近さと遠さ

ここまで「幻」に終わった一九四〇年東京大会について、当時の歴史・社会状況を踏まえながら検討を重ねてきた。当時の人びとは「光」と「闇」が共存する一九三〇年代という歴史状況のもとで、「來るオリムピック」を迎え入れた。これまで批判されてきた「戦争とオリンピック」や今日語られがちな「復興とオリンピック」という単一イメージでは決して十分に捉えきれない、きわめて多層的で矛盾に満ちた姿をして、東京オリンピックは人びとの前に立ち現れていたのである。いまでは「前史」として語られがちな「幻のオリンピック」をより複眼的に理解することで、来る東京大会に向けていったいなにが見えてくるだろうか。あのときから八〇年後の日本に生きるわたしたちは、どのような智慧や教訓を「幻」から得ることができるのだろうか。

熱狂されないオリンピック？

東京2020オリンピックは、招致・準備過程でさまざまなスキャンダルに見舞われてきた。国民挙げてオリンピックを歓呼し、迎えてきたとは言い難い。だが興味深いことに、開催決定以降オリンピックをめぐる問題や課題が語られながらも「どうせやるなら良い大会にしよう！」との判断から、大会開催をとりあえず支持する立場が優勢を占めている[41]。全面的な賛成や心からの熱狂とは程遠いながらも「すでに決まったのだから」と現状を肯定したうえで、オリンピックを存分に楽しみ、できることなら少しでも良い／楽しい東京大会を成し遂げようとする気運は、二〇二〇年が近づくにつれて高まってきたように思える[42]。

こうしたある意味「現実主義的」で「オトナの」判断にもとづき、不都合な真実をあえて直視しない態度と姿勢は、興味深いことに一九四〇年東京オリンピックを語る識者たちの言葉にも明確に見て取れた。多くの論者はオリンピックに対する反対や疑問があることを十分に認識し、ときにはそうした意見や立場に共感すら示していた。そのうえで「だが○○としては意味がある」と主張することで、最終的に大会開催を容認したのだ。

こうした「前史」を思い起こせば、来る二〇二〇年東京大会に対して人びとが示す意見と態度は、オリンピックを迎える国民として真っ当で、推進側の期待に十分応えるものだと言えるだろう。熱狂や歓呼などなくとも、声高に反対することなく「なんとなく賛成」する世論が多数を占めていれば、たとえ矛盾と虚飾にまみれたメガイベントであっても推し進めることは可能である。さらに言えば、積極的に反対することのない世論に支えられて開催にこぎつければ、多くの人びとはそこで繰り広げられる華やかな祝祭に一気に熱狂するだろうことは、過去の一九六四年東京大会ですでに証明済みである。(43)

「ありのまま」の日本への矜持

オリンピックという祭典の開催は、世界中の国から選手・関係者を迎えると同時に、メディアを通して海外からの視線に開催国・都市が晒されることを意味する。オリンピック開催を機に、自分たちが他者＝世界からどのように見られているかが意識されるのだ。

一九四〇年大会開催に向けて準備を進めていた日本では、「国辱」という言葉のもとで海外からの評価が懸念されていた。列強諸国と肩を並べようとしていた当時の日本にとって、自らの「恥ずかしい」姿を世界に曝け出すことは、なんとしても避けるべき国家的な課題であったからだ。同時に、オリンピック開催との関連で国民教育や都市美の実現が唱えられていた背景には、いまの自分たちの姿へのコンプレックスをバネとして、未来に向けて自らを成長／発展させていこうとする集合的欲望が感じられた。

それと対照的に、国家・国民としてのこうした気負いは二〇二〇年大会を控えた現在はさほど感じられない。もちろん、世界各国から人びとを迎え入れるにあたり日本独自の「おもてなし」を示すよう奨励されることが物語るように[44]、日本に向けられる世界からの視線はたしかに意識されている。

だが、そこで目指されるのは、自らの劣る恥ずかしい部分の改善ではなく、ありのままの日本の特性や美徳を世界に受け入れてもらうことのように思われる。つまり、海外という他者からのまなざしは自らの変化を促すのではなく、あるがままの自分を承認する契機として受けとめられる。一九四〇年大会についての論壇誌上での識者アンケートで、多くの者は「品位・礼儀・習慣」に言及していた。当時、恥ずかしくない／笑われない日本へと変貌を遂げる必要は、切実に感じ取られていた。それと対照的に、類似の趣旨で二〇二〇年大会について実施されたアンケートで、その点に言及した識者はひとりもいなかった[45]。

他方、日本の文化・社会・国民について語る者は少なくない。世界の祭典を機に自国を世界に示すことを目指しながらも、そこでの「自己」は「来るべきわたし」ではなく「いまあるわたし」なのだ。「幻のオリンピック」の際に見られた、自らが変わりつつ多様な世界と出会うという欲望は、今日では伝統にせよ最先端技術にせよ、ポジティヴな存在として日本が外国に受け入れられ、承認されることを期待する心性へと変化した。そうしたメンタリティのもとで繰り広げられる日本と外国との関係をめぐるダイナミズムは、自らは持たない相手の楽しく／美しく／魅力的な姿を互いに消費し合うという点で、文化・政治的というよりもきわめて情動的で観光的な自己呈示と他者承認のコミュニケーションだと言えるだろう。

こうした世界との関わり方での自己／他者関係の変化は、一方では「成熟した日本社会」の現状を示している。かつて近代西洋へのコンプレックスを背景に、一九三〇年代に列強諸国との競合を通して誇らしく自信に満ちた自己＝ＪＡＰＡＮを打ち立てようとした日本は、その後敗戦を経て戦後復興をみごとに成し遂げ、経済だけでなく文化での豊かさを追求するほどの成熟社会へと発展を遂げた。もはや現在の日本は、「ありのまま」の自らの姿に不満や欠落を感じる必要などなくなったのだ。

他方で、そうした自己のあり方には、自らに対する反省(reflection)が希薄である。今日的なナショナリズムを論じる次章で詳しく見ていくように、デジタルテクノロジーの発展のもとで人びとのコミュニケーション・モードがかつての反省から再帰性(reflexivity)へと変化し、社会が描く「自画像」も変貌を遂げる。

自らの内面を見つめ直し、より良い／優れた理想的な自己を目指すよりも、他者からの承認(「いいね！」)を介したあるがままの自己への再帰が、集合的アイデンティティ形成で中枢的な位置を占めるようになる。そうした傾向の顕在化を、一九四〇年大会と比較した際の二〇二〇年大会へと向かう〈わたしたち〉の世界との関わり方の特徴のうちに見出すことは、さほど難しくないだろう。

「健康な身体」の臨界点

一九四〇年大会では、オリンピック開催と国民体位との関連がしばしば取りざたされていた。そこで問われていたのは、スポーツする身体(sporting body)は当時の時局が求めた戦う身体(fighting body)の育成に貢献するかどうかである。[46] 現在の「平和な時代」に、こうした問いや課題が取り上げられないのは当然かもしれない。

その代わりに、オリンピックとの関連で国民の身体が問題とされるとき、そこで問われるのは持続可能な身体(sustainable body)だと判断できる。かつてオリンピック開催は各国民の戦う身体＝体位をめぐる競合を喚起したが、今日では福祉・医療の対象である国民身体の持続可能性という課題、つまり超長寿社会の到来への意識を呼び起こしている。[47]「スポーツをする」ことの意義は、かつての「壮丁」(成年)の體質向上だけではない。いまでは「老丁」、さらにそれ以上の年齢を迎えた者たちの健康維持をめぐる課題との関連で、お上によって声高に唱えられている。

ここで注目すべきは、高齢者にとってのオリンピックの意義という文脈で奨励される健康な身体は、それ自体が目的とされているわけではない点だ。実際には国民の身体を統治する国家行政にとって、高齢者の健康維持は社会保障の持続可能性を担保するうえで必要とされる条件なのである。最近よく耳にする健康寿命(日常生活に制限のない期間の平均)という言葉を手掛かりに、その点を考えてみよう。

厚生労働省の発表では、二〇一六年の健康寿命は、男性七二・一四歳、女性七四・七九歳。平均寿命との差は、それぞれ八・八四歳と一二・三五歳だ。こうした数値が示す「健康でない期間」こそが、社会保障（健康保険制度）を司る厚生労働省にとって政策課題となる。なぜならば、この期間が長ければそれだけ財政負担が増え、なにかしらの対策を講じて短くすることが急務だからである。

その点で健康寿命を延ばすという国家的な取り組みは、国民が健康に長寿を全うすることと同時に、あるいはそれ以上に、保険制度の破綻回避を目指している。厚生労働省は最新の報告書で、「日常生活に制限のない期間」という現行の指標に加えて、補完的指標として「日常生活動作が自立している期間」を提案した[48]。日常的な言語感覚ではやや理解に苦しむ新たな指標の意味するところは、実は単純明快だ。要するに「要介護2以上になるまでの期間」なのだ。

長寿する本人にとってではなく、介護する側からの定義と視点にほかならない補完的指標は、今日の健康寿命という考え方が、だれにとって／なにを目標としているかを端的に示している。スポーツを通して健康に長寿する身体は、「お国のため」に必要不可欠なのである。

他方、かつて国民体位や体育教育との関連で語られていた競技者の身体は、いまでは最先端のスポーツ科学／医療技術と密接に結びつくことで、一般人のそれとはかけ離れたものとなっている。かつてスポーツ競技が「國民體位」との関わりで論じられた一九三〇年代、オリンピックは身体・体育をめぐる国家的イベントとして受けとめられていたと思われる。だからこそ、世紀のスポーツ祭典を開催することは、国民全体の体位向上に資するか否かが論争の的になりえた。

そこで暗黙の前提とされていたのは、身体におけるアスリートと凡夫の「連続性」である。たとえ実際の身体能力で大きな隔たりがあるとしても、スポーツがもたらす平等と自由に照らせば、一流選手と素人は「同じ身体」の持ち主とみなすことが可能であった。だが、今日のアスリートたちのスポーツする身体の受けとめられ方は、それとは様相を大きく異にする。

現在、オリンピックに期待を寄せる人びとは、見るスポーツとするスポーツを明確に分けたうえで、優れた能力を発揮するトップアスリートの身体に熱いまなざしを向ける。驚異的なパフォーマンスを繰り広げる彼ら／彼女らの身体は、メディアを介して全世界に伝えられる。その結果、かつて国民各人と連続しているとイメージされていた競技者の身体は、いまでは〈わたしたち〉にとってオリンピックという祝祭の舞台で観戦／観光することだけを許されたスペクタクル＝見世物と化している。

近年、オリンピックに深刻な影を落とすドーピング問題は、こうしたスペクタクルとしてのアスリート／競技という文脈で理解する必要がある。違法薬物を用いて身体能力を高めるドーピング行為は、度重なる摘発やスキャンダルにもかかわらず、いっこうに無くなる気配がない。

それをトップアスリートや彼ら／彼女らを支えるコーチ・チームの倫理観や道徳意識の問題として捉えることは、およそナンセンスだろう。なぜなら、さまざまなリスクがあることを十分に承知したうえで、それでもドーピングに手を染める関係者が後を絶たない背景には、それを引き起こし誘発する現在のスポーツ界独自の構造があるからだ。その大きな要因の一つに、メディアによってきらびやかに彩られ、スポーツメーカーをはじめさまざまな企業がビジネスを繰り広げる舞台としてオリンピックが機能しているという現実があることは、だれの目にも明らかだろう。こうして人びとを熱狂させるスペクタクルの担い手たちは、どこまでも「健全な身体」から遠ざかっていく。

さらに言えば、最新テクノロジーもそうした傾向に拍車をかける。グローバルなスポーツブランドＮＩＫＥによる最新テクノロジーを用いたマラソンシューズ(Vaporfly)の開発・販売は、それを履いたトップアスリートが驚異的な世界記録を樹立したことで注目を集めるとともに、国際的な論争を巻き起こしている。

もちろん、これまでさまざまなスポーツテクノロジーの発展は記録更新に寄与してきた。だが、今回の事例が人びとの関心を呼んだ背景に、「走る」という最も基本的な身体パフォーマンスが、厚底シューズ＝最新テクノロジーで劇的に向上する事実が与えた衝撃が見て取れる。「走る」ことがこれほど変わるのならば、そのほかの身体能力も最新テクノロジーを用いて格段に高まるのではないか。そうした人びとが抱く期待と不安がないまぜになった複雑な心境が、ＮＩＫＥマラソンシューズをめぐる騒動から読み取れるだろう。

ここで見落としてならないのは、ドーピングにせよ最新テクノロジーにせよ、それで身体パフォーマンスを飛躍的に上げられるのは、一部のアスリートに限られることである。最新ハイテクシューズは、それを履きこなすうえで特有な身体能力を必要とする。だれが履いても新記録が出るわけではない。もとより、一般人にとってドーピング指定薬物の摂取が健康にダメージを与えるだけであることは、言うまでもない。

要するに、スポーツする身体をめぐる医療技術やテクノロジーへの関心が高まる背景には、そ

だろう。(6)

一九九〇年代後半以降に本格的な普及と発展を遂げたインターネットは、日常生活次元で人びとのコミュニケーションのあり方を大きく変えていった。その変化はあまりに日常的で遍在的なため、今日ではさして目新しいことに感じられないかもしれない。

しかし、いわゆる「Ｗｅｂ２・０」と呼ばれる技術革新は、一部の専門家だけでなく、ごく普通の人びとが自由に気ままに情報発信できる媒体をもたらし、従来の「マス」とも「パーソナル」とも異なる「ソーシャル」なコミュニケーションを生み出した。日常の一部と化したＳＮＳ（ソーシャル・ネットワーキング・サービス）は、そうしたソーシャルメディアの代表例である。

デジタルテクノロジーの普及と利用の高まりは、政治・経済・文化のそれぞれの位相で「個と全体」（個人と社会、成員と集団、国民と国家、主体と客体）のあり方、より日常的な言葉で言えば〈わたし〉と〈わたしたち〉との関係を大きく変えていく。(7)それはナショナリズムについても例外ではないだろう。だとすれば、伝統的なマスメディアのみならず新たなメディアが日々の生活で必要不可欠なツールとして使われる現在、そこで引き起こされるコミュニケーションの変容はナショナリズムという政治・社会的な事象に対してどのような影響を与えているのかが問われねばならない。

以上のような問題意識にもとづき、一九九〇年代から注目されてきた「新たなナショナリズム」の動向が二一世紀を迎えて以降、どのような展開を遂げたのかを考えていこう。その際に、ナショナリズムの言説内容そのものではなく、それを規定する要因であるコミュニケーション・モードに注目する。デジタル技術が人びとのコミュニケーションにどのような変化を引き起こし、ナショナリズムのあり方にどのような政治・文化的な影響をもたらしたのか。そうした問いを探求した後で、東京2020オリンピックは現在のナショナリズムとどのように結びついているのか、そこにどのような特徴が見て取れるのかを論じる。

2 「新たなナショナリズム」の右旋回?

「ぷち」から「がち」へ

精神科医の香山リカが二〇〇二年に出版した『ぷちナショナリズム症候群』は、一九九〇年代以降の日本社会を特徴づけた新たなナショナリズムの登場を巧みに捉えた本として、各方面から注目を集めた。バブル期と呼ばれた八〇年代以降、専門である精神医学の領域にとどまることなく多彩な分野で軽やかに文筆活動をしてきた香山は、意外なことに二〇〇〇年代に入るとナショナリズムという堅いテーマを取り上げた。そのこと自体が、この時期における「ナショナルなもの」の変貌ぶりを如実に物語っている。

かつての政治的な主義主張や党派性とは異なり、より日常的な場面で人びとの感覚や気分に根ざしたかたちで「日本」や「日本人」の素晴らしさが若者を中心に声高に叫ばれるようになった。そこには、不思議なほどためらいや葛藤が感じられない。だからこそ、それまでもっぱら「カルチャー」を軽妙に評していた「リカちゃん先生」が、ある種の危惧をもって「ぷちナショナリズム」という新たな症候群について語らなければならなかったのである。

二一世紀の初頭、こうした問題意識は香山だけでなく多くの論者や識者に共通して持たれていた。学術界の新たなトレンドとして注目された国民国家論の隆盛ともあいまって、一九九〇年代後半から二〇〇〇年代初頭には、従来とは様相を異にする「ナショナルなもの」の政治・文化的な意義が盛んに取りざたされる。香山の本のタイトルが示すように、それは一見すると些細な＝プチなナショナリズムである点に特徴がある。スポーツの国際試合での日本チームの勝利や学術・文化の世界での日本人の活躍を目にして、惜しみない称賛を送る人びとの嬉々とした姿。そこに潜む意味を探る言葉として、「ぷちナショナリズム」は好奇の念をもって受けとめられた。

好評を博した『ぷちナショナリズム』の刊行から一〇年以上が経過した二〇一五年、香山は続編ともいうべき『がちナショナリズム』を刊行する。同書ではナショナリズムへの危惧の念をさらに深めたと表明し、とりわけ一二年に発足した第二次安倍晋三内閣のもとで進行する右傾化傾向に警鐘を鳴らした。かつて「ぷち」と形容された「ナショナリズム気分」は、「がち」な「排外主義」へと変貌したとされる。そうした時代変化を香山は、自らがネット世界で浴びせられた誹謗中傷を紹介しながら論じたのである。

二〇〇六年の「在特会（在日特権を許さない市民の会）」設立とその後の論争的な活動展開を見れば分かるように、二〇一〇年代の日本社会ではナショナリズムの気分に後押しされた排外主義が一気に高まった。その意味で「ぷち」から「がち」へとナショナリズムが急速に展開したとの香山の見立ては、たしかに的を射ている。

だが、二〇〇〇年代初頭に出された「ぷちナショナリズム」というキーワードと比較したとき、「がちナショナリズム」は世間一般の関心をそれほど惹きつけなかったように思われる。民族差別的な排外主義を厭わない本気の＝「がち」な右傾化運動へと現在のナショナリズムが向かいつつあることへの香山の危機感は、多くの読者の心に必ずしも響かなかった。それはどうしてなのだろうか。

ひとつ指摘できるのは、二〇〇〇年代初頭に「ぷちナショナリズム」が唱えられたとき、その聞き慣れぬ造語には、当時の社会で生じている事象を鮮明に捉える新鮮味が感じられた。「ぷち」という視点から「日本人としての誇り」や「愛国心」に関わる現象を見つめ直すことで、読者はなにかしら発見や驚きを得られたにちがいない。それと対照的に「がちナショナリズム」というネーミングには、現状を分析する言葉としてのユニークさは見られない。むしろ、がち＝ガチンコ＝本気でというイマドキの表現は、すでに人びとが実感しているナショナリズムをめぐる実情を上書きするものでしかない。

逆の観点から見れば、現在のナショナリズムが「ぷち」だけでなく「がち」でもあることは、多くの人びとにいわば当然のことだと受けとめられている。それゆえ、「がちナショナリズム」との表現は、世間一般でそれほど話題に上がることがなかったのだろう。

しかし、香山によるネーミングの不発は、現在のナショナリズムに問題がないことを微塵も意味しない。むしろ彼女が問題視するように、人種差別的で排外主義的な右傾化したナショナリズムの動きは、たとえ一部であるとしても現在の日本社会にはっきり見て取れる。ただし、ここで問題としたいのは、同書が提起した危惧の当否ではなく、あまりに「がち」な運動が従来からの「ぷち」の気分と矛盾することなく併存しているかに映る、いまの社会の不可思議さである。

「すごいニッポン！」という快楽

自国や自民族に無邪気なまでの矜持を抱く「ぷちナショナリズム」の心性は、いまではより一般化したかたちで人びとに分かち持たれている。そのことをNHK放送文化研究所が五年ごとに実施している『日本人の意識』調査」の結果から確認していこう。以下では、二〇〇三年・〇八年・一三年・一八年のデータに言及しながら議論を進める。

「日本に対する自信」を問う質問で、「1．日本は一流国だ」「2．日本人は、他の国民に比べて、きわめてすぐれた素質を持っている」との問いに「そう思う」と答えた人の割合は、二一世紀に入って増加し、最新調査で微減したものの依然として高い数値を維持している(1に関して三六→三九→五四→五二％。2に関して五一→五七→六八→六五％)。この結果を踏まえて同研究所は、一九九〇年代の自信喪失期を経て二〇〇〇年代後半に、日本に対する自信が再び増加に転じたと指摘したうえで、その要因を以前のような強い経済を背景とするのではなく、「日本の科学技術や文化に対する自己評価の高まりによる」[8]と分析する。

ここで指摘される「日本の科学技術や文化」への自己評価の近年での高まりは、世界の目に映る日本＝ジャパンの姿を特集した雑誌からも確認できる。たとえば、宝島社が出版する『ＪＡＰ

AN』シリーズは、その典型例だろう。

そこでは『JAPAN　外国人が大絶賛した！すごいニッポン100』（二〇一五年九月）、『JAPAN　外国人が感動した！すごいニッポン』（二〇一六年六月）、『JAPAN　外国人が感嘆した！世界が憧れるニッポン155』（二〇一六年一一月）といった大同小異のタイトルのもと、食文化・観光・アニメ・電化製品など多彩な領域で「ジャパン・カルチャー」の数々がいかに外国人に愛され、支持され、憧れの的となっているかが詳述される。日本人／日本社会にとってごく当たり前の事柄が、外国人には驚きや感嘆をもって受けとめられる事例の数々が、豊富な図版とデータを用いて微に入り細に入り紹介されるのだ。

特集を通して読者に呼びかけられるメッセージは、至極単純である。曰く、外国人の目から見て「ニッポン」は「すごい！」のであり、その事実をわたしたち＝日本人は誇りに感じるべきだ。世界が認めた「すごいニッポン」を根拠として「日本に対する自信」を持つのは当然である。このように世界から眺めた「JAPAN」を「日本」自身が自己愛的に見つめ直すことを通して、読者は心地よいナショナリズムの気分へと誘われていく。(9)

このように意識調査の結果やメディア文化の動向を見てくると、かつて「ぷちナショナリズム」と形容された日本文化／日本人への無邪気な自己愛は、いまではことさらに「ナショナリズム」と意識されることもないほどに、当たり前で日常的な感覚として抱かれるようなったことが分かる。日本文化に誇りを抱き、日本に生まれたことを嬉しく感じ、日本人は優れた資質を持つ民族であると自負する。こうしたナショナリズムの気分が近年増大していることを、NHKの意識調査のデータは示している。

一見すると、それは自国の文化や風習を誇る自然な愛郷心に根ざしたものと映るだろう。だが、一方で外国からのジャパン・カルチャー称賛に酔いしれる日本社会は、他方で二〇〇〇年代に入って近隣アジア諸国との関係で大きな変化を遂げていった。

近隣アジア諸国への親近感の変遷と平和主義

内閣府が継続的に実施している「外交に関する世論調査」の結果を見ながら、近隣アジア諸国（中国・韓国）との関係をめぐる意識の変遷について考えていこう。[10]

中国に対する親近感は、一九九〇年代前半には「親しみを感じる」が「親しみを感じない」よりも多かったが、それが九五年に逆転した。その後、両者が拮抗する状態が二〇〇三年まで続く。だが、〇四年以降「親しみを感じない」が増加し、一六年一月調査では「感じる」が一四・八％、「感じない」が八三・二％と、その差が過去最大に広がる。一六年一一月調査では親近感が若干回復し、「感じる」が一六・八％、「感じない」が八〇・五％となった。その後、一七年一〇月調査では「感じる」一八・七％、「感じない」七八・五％、一八年一〇月調査では「感じる」二〇・八％、「感じない」七六・四％、一九年一〇月調査では「感じる」二二・七％、「感じない」七四・九％と、大きな変化なく推移している。

韓国に対する親近感は、一九九〇年代を通して「親しみを感じない」が「親しみを感じる」よりも多かったが、九九年に逆転した。親しみを「感じる」が多い状態は二〇〇〇年代を通して継続し、〇九年一〇月には「感じる」六三・一％、「感じない」三四・二％となり、その差が三〇ポイント近くにまで広がる。

ところが、二〇一二年一〇月調査で一気に「感じない」五九・〇％が「感じる」三九・二％を上回る。一四年一〇月には「感じる」が三一・五％まで減り、「感じない」が六六・四％まで増加し、以前とは逆方向に差が三〇ポイントを超えた。一六年一一月調査では、中国に対する意識と同様に親近感が若干改善し、「感じる」三八・一％、「感じない」五九・一％となった。それ以降、一七年一〇月は「感じる」三七・五％、「感じない」五九・七％、一八年一〇月は「感じる」三九・四％、「感じない」五八・〇％と大きな変化なく推移していく。だが、一九年一〇月に「感じる」二六・七％に対して「感じない」が七一・五％と一気に上昇し、過去最高の数値を示した。

中国・韓国に対する親近感の変化は、当然ながら両国と日本との国際政治での関係に影響される。中国について言えば、日本を抜いて世界第二位の経済大国と化し、尖閣諸島など領土問題をめぐり日本にとって軍事的脅威と感じられるようになった。そのことが、親近感の急激な低下をもたらしたと理解される。

韓国に関しては、二〇〇二年「FIFAサッカーワールドカップ」の日韓共催ならびに韓流ブーム、その後のK－POP人気などスポーツ・文化面での交流が深まるなかで、親近感が増していく。しかし、竹島／独島をめぐる領土問題と過去の歴史認識についての長年にわたる対立を反映するかのように、一二年八月の李 明博《イミョンバク》韓国大統領（当時）による「竹島上陸」を契機に、一気に親近感が悪化した。その後、一九年のいわゆる「徴用工問題」をめぐり日韓の政治的緊張が極度に高まるなかで、「親しみを感じない」と答える割合は過去最高を記録したのである。

　だが、隣国の中国と韓国への親近感の悪化をもって、日本社会は右傾化・軍国主義化したと理解するのは早計だろう。なぜなら、「平和」と「民主」を掲げた戦後体制(レジーム)のシンボルとも言える憲法九条への世論の支持は、二〇一〇年代なかば以降むしろ高まっているからだ。朝日新聞社が毎年の憲法記念日にあたり実施・掲載している世論調査結果によれば、憲法九条を「変えない方がよい」と答えた人の割合は、一〇年から一九年にかけて六七→五九→五五→五二→六四→六三→六八→六三→六三→六四%と推移している。

「変えない方がよい」と答える人の割合が増えた背景について朝日新聞は、近隣国との領土をめぐる緊張の高まりに対応すべく安倍政権が集団的自衛権の行使を容認する憲法解釈の立場を公式に示し、二〇一五年九月に「安全保障関連法」が成立するなかで、「いま憲法を変えるとあぶない」との感覚が人びとに広まり、その結果「平和志向」が高まったと分析する(『朝日新聞』一六年五月三日朝刊)。一七年五月に安倍晋三首相は自衛隊の存在を明記する九条改正案を打ち出したが、世論調査結果では、それへの支持や賛同は必ずしも広がっていない(『朝日新聞』一八年五月二日)。九条をはじめとする憲法改正に向けた政府・与党の思惑とは裏腹に、有権者に改憲機運は高まっていないと同紙は指摘する(『朝日新聞』一九年五月三日)。

　戦後の平和と民主主義のシンボルである「九条」に対する世論動向を見るかぎり、領土的・軍事的な緊張感の高まりを背景に近隣アジア諸国への親近感が低下していく傾向は、いまのところ世論を右派的な軍事主義へと向かわせるのではなく、むしろ反対に、戦後体制を特徴づけた「平和主義」への再評価を促していると解釈できる。このことは、現在の日本社会に見られるナショナリズム気分が決して画一的なものではなく、多様な側面を持っていることをうかがわせる。同時に、そこにはグローバル化に抗うかのような「内向き指向」も感じられる。

たしかに、一連の世論調査の結果から、近年の「平和志向」の高まりを読み取ることは妥当だろう。だがそこには、世界とのどこか消極的な関わりも見て取れるのではないだろうか。現時点では、平和憲法を「変えない方がよい」と望む意識の深層には、目まぐるしく変化する世界と東アジアを取り巻く情勢のもとで、「九条」に象徴された平和理念を主体的に実現することを目指す確固たる意志よりも、憲法修正を視野に入れた安倍政権が推し進める「積極的平和主義」への歯止めとして「九条」に期待する受け身の姿勢が見え隠れする。

一方で海外での集団的自衛活動に従事する自衛隊の存在を憲法で認め、他方で戦後の平和主義を根底から変更することは避けようとする九条改正案に対して、世論は複雑な反応を示しているのだ(『朝日新聞』二〇一八年五月二日)。このことは、平和主義と「内向き指向」が同時に存在する事実を如実に物語っていよう。国際・国内双方における厳しい状況のもとで生じた「平和志向」の高まりの背後に、諸外国との関係をめぐるきわめてアンビヴァレントな意識が潜伏する事実が見て取れる。

こうしたグローバル時代の国際関係での消極性や内向き指向は、「『日本人の意識』調査」からも確認できる。(11) 同調査は一九九三年から国際化に関連する質問を追加した。それらの質問への回答からは、外国人との関わりやつきあいが実態として増えてきていることがうかがわれる。外国人登録者数が年々増加していることを考えれば、それは当然の結果と言える。

しかし、ここで注目すべきは、そうした国際化が進む現状で人びとが国際的な交流をどの程度に望んでいるかだ。「『日本人の意識』調査」では、「1．いろいろな国の人と友達になりたい」「2．貧しい国の人たちへの支援活動に協力したい」「3．機会があれば、海外で仕事や勉強をしてみたい」の三つの質問を尋ねている。それぞれの問いに「そう思う」と答えた人の割合の変化（二〇〇三年・〇八年・一三年・一八年）は、以下のとおりである。

1．六五→六三→六二→五八％、2．七六→七七→七五→六八％、3．四三→四〇→三七→三三％。この調査結果からは、一五年間で社会の趨勢として外国人との接触機会は増えているにもかかわらず、自ら積極的に国際化を推し進めようとする人の割合は変化しておらず、むしろ一八年調査では減少に転じていることが分かる。この期間に日本社会を取り巻く経済・政治でのグローバル化がいっそう進んだことを考えれば、近年の人びとの意識傾向を国際化における消極性と内向き指向の相対的な深まりと解釈することは妥当であろう。

心情としてのナショナリズム

ここまで、世論調査データから浮かび上がる二〇〇〇年代以降の日本でのナショナリズムをめぐる意識変化について概観した。それを踏まえて、現在のナショナリズムの特徴を整理・列挙していこう。

まず言えるのは、いまの「ナショナルなもの」はきわめて多様かつ複雑な様相を示している点である。自己愛的なナショナリズムの気分や人種差別的で排他的なナショナリズムの暴力は、それぞれ別個に存在するのではない。外国人の目に映る「日本はすごい！」との評価を自己愛的に受けとめるイマドキの「ぷちナショナリズム」の気分や、近隣諸国との関係構築の必要性を認識しながらもそれから目を背けようとする消極的な意識はともに、急激なグローバル化への内向き対応＝〈反動〉として解釈できる。

その内向き指向は、なにかの機会に日本／日本人が「被害者」だと認識されるやいなや、他国民・他民族に対する誹謗や中傷の気運へと一気に転換される。その意味で、今日のナショナリズム現象は多様な顔を持つと同時に、首尾一貫した論理が必ずしもあるわけではない。その理由は、今日的な「ナショナルなもの」は従来のような主義や信条ではなく、より感覚的な心情や雰囲気として人びとに受けとめられているからだ。

明確な価値観や党派性に依拠した政治信条としてナショナリズムが唱えられるならば、そこに矛盾や不整合があったとき、担い手から疑問や批判が巻き起こるだろう。一方で、感覚的な心情として受けとめられるかぎり、相異なる多様なナショナリズムの諸側面はその時々の気分に左右されるかたちで表明される。そして、互いの矛盾が意識されずに立ち現れ、やがて葛藤を経ることもなく消え去る。そうした変幻自在な心情としてナショナリズムが生きられているからこそ、それはどこか捉えどころがなく言語化するのが容易でない。

たとえ特定の場面や機会で排外主義の動きが起きたとしても、同時に他愛ない自己愛としての矜持や外からの脅威に怯える内向き指向がそこにあるならば、それら全体を「ナショナリズム」

とに疑いの余地はないだろう。

これまでインターネットに代表されるデジタルテクノロジーの普及に関して、さまざまな楽観論が交わされてきた。たとえば、すべての人が「発信者」になるので、新聞やテレビなど従来からのマスメディアの権威は失墜するだろう。あるいは、世界中がネットワークでつながるので物理的な距離による制約は解消し、人びとは自宅に居ながら世界中のさまざまな情報にアクセスでき、自由なスタイルで働き、より豊かで個性的な生活を送るようになるだろう……。

しかし、楽観論と同時に、デジタル時代が予感させる陰の部分への懸念も繰り返されてきた。たとえば、最先端機器を使いこなすリテラシーの有無で人生の成功が左右され、それは新たな格差を生み出すだろう。あるいは、経済格差に起因する電子ネットワークへのアクセスの不平等は、グローバル規模での世界の分断をより深刻化させるだろう……。夢のような未来への期待や願望だけでなく、デジタル社会に潜む問題や課題についても、わたしたちは繰り返し聞かされてきた。

デジタル社会が日常となった現在の時点から振り返るとき、過去に語られた対照的な未来予測はどちらも当たっていたと言える。たしかに一方で、人びとはインターネットで世界とつながり多様で大量の情報を容易に手に入れ、自由で快適な生活を満喫している。だが他方で、デジタルなメディア環境に取り囲まれた日常のなかで新たな格差が生み出されることを、わたしたちは日々実感してきた。その点で、デジタル時代の現実はきわめて両義的なのだ。

ところで、これまでの未来予測でさほど注目されなかった論点があり、実はそこにデジタル社会の現状を解明するためのヒントが潜んでいるのではないか。そうした問いのもとで注目したいのは、テクノロジーの発展と普及がもたらすコミュニケーションにおけるモード(様式/様態)の変容である。

これまでメディア論では、たとえば新聞や雑誌は活字モード、ラジオは音声モード、テレビは映像モードというように、モードは主として媒体様式として考えられてきた。だが、そうしたモードの違いは、デジタル化のもとで急速に失効していく。なぜなら、日々のインターネット利用を振り返れば分かるように、そこでのコミュニケーションは文字・音声・写真・映像などさまざまな媒体様式を含み込んでいるからだ。従来からの諸モードを統合して処理することが、デジタル化がもたらす最大の特徴である。

これまで未来予測でも多様な媒体モード=様式を技術的に統合することが夢見られてきたが、そこに伴うコミュニケーション・モード=様態の変容はさほど注目されてこなかった。だが、SNS利用が日常化している現在、メディアの媒体様式だけでなく、そこで交わされるコミュニケーションの媒介様態に目を向けることに意義があると思われる。その理由は、ユーザー各人が送り手にも受け手にもなれるSNSを用いたやり取りでは、対面状況とは異なる独自なコミュニケーション上の作法や儀礼があるからだ。

そうした変化を踏まえれば、ソーシャルメディアが爆発的に普及したことの影響と帰結を、媒介様態の転移として理解することが求められる。今日的なソーシャルメディアに媒介されたコミュニケーションの特徴や傾向を考えるうえで、それがどのような〈モード〉として成り立っているかに目を向けねばならない。

こうした情報伝達の内容・経路と区別された〈モード〉という視座に立てば、ネット社会を語るうえでしばしば用いられる「マス系メディア対ネット系メディア」という対立図式は、きわめて不十分である。多くのネットユーザーがＳＮＳを日常的に利用している現在、これまで自明視されていた「マス」と「ネット」の差異と境界はすでに融合／溶解している。

たとえば、テレビで放送された些細な話題が個人のツイッターでつぶやかれ、それが瞬く間に多数のフォロアーに共感や反発を巻き起こし、ネット世界でトレンドが生まれる。すると、その出来事がテレビニュースでセンセーショナルに取り上げられ、世間の注目を集める。こうした、いまではごく当たり前のＳＮＳのある日常で交わされる情報伝達の〈モード〉とは、果たしてどのようなものなのだろうか。

ソーシャルメディアがもたらすコミュニケーションの〈モード〉

デジタル技術の発展はマスとパーソナル両方の特性を兼ね備えたメディアを生み出し、それはソーシャルメディアと総称される。その定義は必ずしも明確かつ一義的ではないが、ここでは「ユーザーの間で情報の送受信・共有・拡散を可能にするデジタル技術を用いたメディア」と便宜的に定義しておこう。フェイスブックやツイッターなど一般にＳＮＳと呼ばれるプラットフォームは、ここで言うソーシャルメディアの典型例である。

これまでの研究で指摘されてきたソーシャルメディアの特性は、個々のユーザーが多数の相手と情報をやり取りするなかで、同時に送り手／受け手になれる点である。そうしたソーシャルメディアを用いたやり取りでは、ユーザーたちは主体的に多数の相手とコミュニケーションを交わし、豊かな対人ネットワークを形成する。それがソーシャル＝社交的なメディアだと言われる理由である。この特性は、バラ色の未来としてデジタル社会を描いてきたかつての未来予測で夢見られたものにほかならない。

だが、ここで注目したいのは、ソーシャルメディアを介して流布される情報内容自体よりも、それを成り立たせているコミュニケーション様態の特徴である。そこに、どのような独自性が見て取れるのだろうか。

まず指摘できるのは、メディアを介した相手との関係が相互的＝インタラクティヴなことだ。情報を受け取るだけでなく発信・共有・拡散できることが、ソーシャルメディアの最大の特性である。それはメディアを介した他者とのコミュニケーションのあり方自体に、大きな影響を与える。

ＳＮＳでの日常的なやり取りを振り返れば分かるように、ほかのユーザーたちのつぶやきや投稿に逐次応答を返すには、相応の労力を強いられる。ＳＮＳのお陰で自分の意見が多くの人に見られ／読まれることは、同時に相手の発信を見る／読むように期待されることでもある。だからこそＳＮＳでは、スマホ画面に次々と映し出される情報を一瞬で見て／読んで、即座に必要な反応＝レスを返すことが作法やリテラシーとして求められる。

その帰結として、ＳＮＳ上で交わされるコミュニケーションは自省(reflection)よりも再帰(reflexivity)の性格を色濃く持つことになる。[16] なぜなら、瞬時に反射的な処理をしないかぎり、膨

性や個性を意味するとはかぎらない。むしろ、特定の傾向やパターンのもとに構成されていることが少なくない。そうしたネットでのコミュニケーション空間は、単純明快な「自由か支配か」という二項対立では捉えられない複雑な様相を示しているのだ。

デジタル化された社会をめぐるこれらの議論から、現在の情動が重要な位置を占めるコミュニケーション空間の独自な姿が浮かび上がる。規律化された近代的主体を担い手とする議論や討論ではなく、マーケティング戦略ごとに「その性質を変化させる「可分性」(dividus)[21]」として捉えられた諸個人が織りなすネットワークを介して、各人の意図や思惑とは異なる次元で不定形な情動は醸成される。その潜勢力はなにかのきっかけで一気に解き放たれ、瞬く間に大きな集合的な動きとして顕在化する。それを可能にしているのは、ソーシャルメディアを介したコミュニケーションの〈モード〉にほかならない。

再帰的な関わり合いを通して高じていく情動の波動は、個人の意見や感情の総和に還元されるものではない。むしろ、一人ひとりを包み込む集合的なダイナミズムそれ自体が感じさせる快感や高揚が、各ユーザーによるネットトークの形成と拡張を突き動かしている。ソーシャルメディアを介して反射的に繰り広げられるやり取りは、ユーザーの共感と共振を通して〈わたしたち〉を作り上げていくのだ。こうした情動の共同性を生み出す豊穣な土壌となっているのが、ＳＮＳのある日常でのコミュニケーション空間にほかならない。

4 「ナショナリズム」の現代的な条件

ナショナリズムにおける「奇妙さ」

今日的なナショナリズムの動静には、ある種の奇妙さが感じられる。その理由は、メディアを介した「ナショナルなもの」との関わりで自己の行為／他者との関係／集合的な動員の間に、重なりと同時にズレが明らかに見て取れるからだ。

たとえば、「日本ってすごい！」とのナショナリスティックな矜持をつぶやく人でも、その話題について身近な相手とやり取りするときに重視するのは、相手に配慮を示し合いながら相互承認する儀礼的コミュニケーションかもしれない。さらに、互いに見知らぬ者同士からなるソーシャルネットワーキングのなかで「日本」や「日本人」に関わるテーマが取りざたされるとき、オリンピックであれ領土問題であれ歴史認識であれ、それは流行りの話題のひとつとして交わされているだけかもしれない。

ここに見られるのは、ナショナリズムを推し進める首尾一貫した論理ではなく、個人・対人・社会それぞれの次元で、重なりとズレを内包しつつ融通無碍に自己増殖していく情動のダイナミズムである。それを突き動かしているのは、人びとをつなぐ感覚的な強度にほかならない。

そのことは、「ナショナルなもの」をめぐるよりマクロな次元にも当てはまる。二一世紀を迎えて以降、東アジアにおける地政学は中国の軍事的台頭と北朝鮮の孤立を背景に、緊張の度合いのナショナリズムの高まりは、それが自己愛・内向き指向・排外主義といった互いに異なるかたちで日本／日本人という〈わたしたち〉の共感を促進するならば、政治指導者にとってなにも脅威ではないだろう。なぜなら、それは為政者の立場を強める追い風とはなっても、その正統性を問いただす兆候など感じさせない「安全な代物」だからだ。

「みんな」への同一化

ここで述べた今日的なナショナリズムの動向を念頭に置いて、2020東京オリンピックへと向かう社会情勢を振り返ってみよう。第1章で述べたように、大会招致が決定して以降、オリンピック開催に備えた諸事業で多くの問題や疑惑が浮上した。そのたびごとに、政府・東京都・東京オリンピック組織委員会の取り組み姿勢への疑問や不満が投げかけられた。そうした経緯もあって、大会主催者側の積極的なキャンペーンにもかかわらず、準備開始当初の時点での世論のまなざしはどこか冷ややかだった。

一方で、「新国立競技場問題」をはじめ通常では考えられない杜撰な判断と対応が暴露された後でも、二〇二〇年にオリンピックを開催すること自体を根本的に問い直そうとする気運は決して高まらなかった(25)。その理由は、無関心層も含め多くの国民は、大会開催までにいろいろと不祥事が生じるとしても、四年に一度の世界の祭典が自国で開催されるのは日本国・日本人にとって誇らしいと感じ、その機会に自らが関わる／立ち会うことへの漠とした期待と喜びを抱いていたからだと判断される。

そうだとすれば、多くの著名人を起用した東京オリンピック組織委員会による華やかな広報活動のもとで、日本／東京でのオリンピックを素晴らしい大会として開催し、なんとしても成功させようとする空気が、開催時期が迫るにつれて社会全体を包み込むかのように醸成されていったことにも納得がいく。その時々に集合的情動を巧みに操縦し、特定の方向へと誘動するソーシャルメディア時代に特有のナショナリズムの力学が、そこで存分に発揮されていたと思われる。

ここで忘れてならないのは、オリンピック開催に正面から反対する一部の言論や運動は、学術・出版・ジャーナリズムの世界でさまざまなかたちで周縁化され、東京大会オフィシャルパートナーとして名を連ねる四大新聞など主要メディアによる徹底した無視に遭遇してきたという事実である。結果として、大会開催の是非をめぐる対話や議論が最後まで十分に巻き起こらなかったという異様な言論状況は、ソーシャルメディアの特徴である再帰性がさまざまな社会領域へと広がり、それがマスメディアをはじめとするパブリックな場でのコミュニケーションの支配的な〈モード〉となりつつあることのひとつの証左ではないだろうか、と深く危惧される。

他方で、開催を間近に控えた時点でも、熱気や興奮が日本社会に渦巻いているとは言えない。だが、今日的なナショナリズムが政治的力を発揮するうえで、民衆による首尾一貫した支持やイデオロギーによる下支えは必須なものではない。なぜなら、たとえ一時的であれ、なにかの機会に集合的な情動が喚起され、大多数の国民の間で感情的な共振を介して一気に盛り上がるならば、スポーツを通じたナショナリズムは十分にその役割を果たすからだ。

この今日的なナショナリズムの作動様式との関連で、東京オリンピックに潜む政治的な意味を問わねばならない。その際に、ここで論じてきたソーシャルメディア時代のナショナリズムの条件を念頭に置くことが有効だろう。

独自のコミュニケーション・モードを介して自他の間で情動による共振が生み出され、それがデジタルネットワーク内に拡散することでナショナリズムが作動するならば、それは具体的にどのような事象・事件・現象のもとで生じてきたのだろうか。そこでは、どのような人物・言葉・機会を契機として、情動のポリティクスが企てられてきたのだろうか。こうした個別具体的な現象に照準することで、これまでとは様相を異にするスポーツナショナリズムの現在の姿を描き出せるだろう。

東京オリンピック成功に向けて主催者側が人びとに訴えかけるときに用いてきた決まり文句のひとつは、すべての日本人＝「みんな」である。[26]この言表は、現実に存在するさまざまな差異や格差を見ない／感じない／論じないように仕向ける効果を持つ。利害対立や紛争が厳然と存在するにもかかわらず、オリンピック開催を「みんなの夢」と位置づけ、その担い手たる「すべての日本人＝みんな」へと個々人を同一化し動員して、現実の矛盾を幻想的に解消することが企てられてきた。

大会が開催された暁には、国を挙げてオリンピックを盛り上げていこうとする空気の高まりのもとで、一人ひとりの〈わたし〉を超えた〈わたしたち＝みんな〉の共感が、さまざまなかたちで演出されるだろう。それを推し進める主たる動因は、日本人選手やチームの活躍といった「ナショナルな成果」をめぐる意見や評価の中身ではない。むしろ、ソーシャルメディア時代に特有な〈モード〉のもとでとらえどころのない情動の共同性が醸成され、そこに潜む独自な力＝パワーが、共振する〈わたしたち〉をイマドキのナショナリズムのその場かぎりの担い手へと作り上げていく。

そこで力を発揮するのは、伝統的な国家矜持の物語の意味などではなく、「ニッポンってすごい！」との気分の高まり／強まりがもたらす心地よい快楽である。従来からのイメージと観念に囚われていたのでは、いまここに現れつつあるナショナリズムとオリンピックとの密接な関係を適確に捉えることは難しいだろう。

カモフラージュとしての「ナショナリズム」

東京２０２０オリンピックへと向けて歩んできた日本社会でのナショナリズムの現状を以上のように理解すると、そこに三重のカモフラージュ＝偽装が見て取れる。

第一に、実際に目論まれているのは経済・社会的な格差や排除を否認し、それを巧妙に隠蔽することであるにもかかわらず、あたかも「すべての日本人＝みんな」で一丸となってオリンピック成功へと楽しく邁進することが、国民一人ひとりに期待される責務であるかのごとく吹聴される。スポーツという受け入れられやすい領域で人びとを幻想の共同性へと勧誘することで、矛盾と対立を内に含んだ社会全体のかりそめの統合が企てられてきた。その点で「みんなの夢」の共有は、深刻化しつつある現実での分断状況を覆い隠そうとする社会的カモフラージュである。

第二に、東日本大震災に伴う原発事故からの復旧は現在も多くの難題を抱え、被災地での復興への道のりは困難に直面し続けている。その厳しい現実に世論の目が差し向けられるのを避けるかのように、開催決定直後から「復興オリンピック」とのスローガンが声高に唱えられてきた。だが、オリンピック開催が具体的にどのような領域で、どの程度、復興に寄与した・するのかは、いまだに明らかではない。

さらに、オリンピック開催で多大な経済効果が生まれ、そのもとでハード面の被災地復興も進むと国家行政が喧伝してきたことで、原発事故に伴う被曝被害への対応や心のケアなどソフト面での復興に関わるそのほかの重要課題は棚上げにされ、結果として先送りされた感は否めない。オリンピックに乗じて頻繁に用いられてきた「復興」というレトリックは、目に見える成果だけを追い求めることで本来取り組むべき事柄を優先的アジェンダから遠ざけてきた点で、公共政策における偽装である。

第三に、東京オリンピックを祝賀するのは「みんな＝日本人」に分かち持たれた当然の気持ちの表れだとする演出が、官民挙げたさまざまなキャンペーンのもとで企てられてきた。そこでは、あたかも民衆の自由で自然な感情の発露のように見せかけながら、実のところ集合的情動に潜む多様な潜勢力が、特定集団の利益と都合のために巧妙にモジュレート＝変調されていた。そのように情動のフローを特定の方向へと調整／変調するメカニズム自体は、マスメディアでのオリンピック特集番組をはじめとして「みんなの感動」がオリンピック・レガシーの名のもとで「先物取引」のごとく高値で取引されたことで、人びとの目から遠ざけられてしまった。

こうして、厳然と存在するはずの権力の影は、みごとに虚飾され隠蔽される。二〇一九年夏の観戦チケット・ネット販売の際の盛り上がりが物語るように、オリンピック開催を間近に控えて高まったスポーツを通じた〈約束された感動〉の称揚は、「すべての国民＝ネイション」の名のもとで実際には「特定の集団・人びと」の思惑や企みを包み隠している点で、きわめて狡猾な政治的カモフラージュにほかならない。

ここで見てきたように、現在のナショナリズムはネット世界との結びつきのもとで従来とは異なる独自な様相を呈している。デジタル化された情報環境が生み出す新たなコミュニケーション・モードのもと、ネットユーザーの共振を介して情動が集合的に喚起され、それは匿名多数からなるネットワークのなかで自己増殖的に膨らんでいく。一見するとそれは、互いに同じように感じ／考える人びと(like-minded people)の間での、他愛ない一時的な盛り上がりにすぎない現象と映るかもしれない。だが、そこに現代的なナショナリズムの本質が見え隠れする。

第4章で論じたように、これまで「戦争とオリンピック」という文脈で語られてきた「幻」の一九四〇年東京大会は、「光と闇」が奇妙に共存する政治・社会状況のもとで目指されていた。二〇二〇年東京大会も同様に、華麗なスペクタクルの「光」だけでなく、この時代に根深く広まる「闇」との結びつきのもとで迎えられることだろう。その意味で、二〇二〇年を迎えて全世界へと瞬く間に広まっていった新型コロナウイルスの脅威は、現代のオリンピックに憑きまとう「闇」のひとつの予兆だったのかもしれない。

奇しくも東京2020オリンピック・パラリンピックの式典は、いわゆる「ロスジェネ世代」

を代表する著名人たちが企画・演出を担う。[27]「失われた二〇年」という「闇」の体現者／被害者とされがちな世代によって、いま現在の「日本」の姿が開閉会式のスペクタクルを通して表象されることになる。そこでイマドキのナショナリズムは、どのような政治・文化的な役割を果たすのだろうか。

（1）小熊英二「国際環境とナショナリズム――擬似冷戦体制と極右の台頭」小熊英二編著『平成史【完全版】』河出書房新社、二〇一九年。
（2）樋口直人『日本型排外主義――在特会・外国人参政権・東アジア地政学』名古屋大学出版会、二〇一四年。
（3）エマニュエル・トッド著、堀茂樹訳『シャルリとは誰か？――人種差別と没落する西欧』文春新書、二〇一六年。
（4）香山リカ・福田和也『「愛国」問答――これは「ぷちナショナリズム」なのか』中公新書ラクレ、二〇〇三年。
（5）小森陽一・高橋哲哉編著『ナショナル・ヒストリーを超えて』東京大学出版会、一九九八年。
（6）伊藤昌亮『デモのメディア論――社会運動社会のゆくえ』筑摩書房、二〇一二年。
（7）大黒岳彦『情報社会の〈哲学〉――グーグル・ビッグデータ・人工知能』勁草書房、二〇一六年、三上剛史『社会の思考――リスクと監視と個人化』学文社、二〇一〇年。
（8）ＮＨＫ放送文化研究所編『現代日本人の意識構造［第九版］』ＮＨＫ出版、二〇二〇年、一一九ページ。
（9）近年流行の日本に関する自画自賛的なメディア表象の「起源」とでも呼ぶべき語りを、早川タダノリは戦時下のさまざまな書籍やパンフレットを題材として検討している。早川タダノリ『「日本スゴイ」のディストピア――戦時下自画自賛の系譜』朝日文庫、二〇一九年。
(10) 内閣府政府広報室「『外交に関する世論調査』の概要」内閣府政府広報室、二〇一九年。
(11) 前掲(8)。
(12) 宇野常寛・萱野稔人ほか『〈ネトウヨ〉化する日本と東アジアの未来』朝日新書、二〇一四年。
(13) ベネディクト・アンダーソン著、白石隆・白石さや訳『定本 想像の共同体――ナショナリズムの起源と流行』書籍工房早山、二〇〇七年。
(14) エリック・ホブズボーム著、浜林正夫・庄司信・嶋田耕也訳『ナショナリズムの歴史と現在』大月書店、二〇〇一年。
(15) 伊藤昌亮「ネット右翼とは何か」山崎望編著『奇妙なナショナリズムの時代――排外主義に抗して』岩波書店、二〇一五年、安田浩一『ネットと愛国――在特会の「闇」を追いかけて』講談社、二〇一二年。
(16) reflection(省察・自省)と reflexivity(再帰性)の違いに関しては、ウルリッヒ・ベック、アンソニー・ギデンズ、スコット・ラッシュ著、松尾精文・小幡正敏・叶堂隆三訳『再帰的近代化――近現代における政治、伝統、美的原理』而立書房、一九九七年、阿部潔「インタラクティヴィティの神話――監視モードと透明なコミュニケーション」石田英敬・吉見俊哉・マイク・フェザーストン編『メディア都市』東京大学出版会、二〇一五年、参照。
(17) 伊藤守『情動の社会学――ポストメディア時代における〝ミクロ知覚〟の探求』青土社、二〇一七年、四四ページ。
(18) キャス・サンスティーン著、石川幸憲訳『インターネットは民主主義の敵か』毎日新聞社、二〇〇三年。
(19) イーライ・パリサー著、井口耕二訳『閉じこもるインターネット――グーグル・パーソナライズ・民主主義』早川書房、二〇一二年。
(20) ローレンス・レッシグ著、山形浩生訳『CODE VERSION2・0』翔泳社、二〇〇七年。

されるのは不愉快だ」との意見に対して、「そう思う」と回答する者は、全体では五二・九％である。だが、二〇代と三〇代(さらに四〇代も)では、「そう思わない」が「そう思う」を上回っている。二〇代では男性の六二・一％、女性の五八・六％が、三〇代では男性の六〇・四％、女性の六一・九％が「そう思わない」と回答しているのだ(平均は男性四四・八％／女性四五・二％)。

そして、オリンピック理念が危機に瀕していることへの警鐘と解釈される「過剰なメダル獲得競争やドーピング問題などによって、オリンピック本来のあり方が見失われている」との意見については、全体では「そう思う」との賛同が六〇・九％にのぼる。それに対して二〇代の男性／女性と三〇代女性では、逆に「そう思わない」が「そう思う」を上回っている(それぞれ五四・三％／五一・七％、五〇・〇％)。

「オリンピック本来のあり方が見失われている」とは「思わない」と答える若年層の姿には、オリンピックという国際イベントにこれまで託されてきた理想とは異なる、ある種の冷めた現実認識がうかがわれる。いくら声高にスポーツの崇高さやスポーツマンシップの価値を唱えたところで、実際のオリンピックはむき出しの商業主義に後押しされたきらびやかなスペクタクルの演出のもとで、究極的には勝ち負けだけが競われる場と化している。こうした身も蓋もない実状を目の当たりにして、それを理念の側から問いただすよりも、その事実に向き合おうとするシニカルな姿勢が、「そう思わない」と回答する若年層の意識の背後に垣間見える。

シニカルな意識は、オリンピック以外の質問項目への回答にも見て取れる。他国との比較で日本社会について尋ねた質問で、「国民の勤勉さ」を「やや劣っている」と評価する者は、二〇代で男性一六・四％／女性一三・八％、三〇代で男性一〇・一％／女性一三・一％である(男性平均八・四％／女性平均八・四％)。「経済力」について「やや劣っている」と答えた割合は、二〇代で男性三〇・二％／女性四〇・五％、三〇代で男性二九・五％／女性三三・三％となっている(平均は男性二一・四％／女性二七・七％)。

こうした日本社会の評価をめぐる年齢層による意識の違いを見ると、自国の経済や文化・習俗をともすると自己満足的に過剰評価しがちな中高年層とは対照的に、若年層は自分たちに直接関わる課題や問題を意識したうえで、日本の現状に厳しい評価を下しているように思われる。

それでは、中高年層と比較して現在の日本社会をより冷めたまなざしをもって捉えているように思われる若年層は、厳しい現実を目の当たりにして日本の将来を悲観しているのだろうか。いささか不思議なことだが、ここで参照したNHKの世論調査からは「未来を悲観する若者」の姿は確認できない。むしろ逆に調査結果は、若年層は他年齢層と比較して日本の未来を楽観していることを示している。

たとえば、さまざまな項目について「日本は、これから先、どうなっていくと思いますか」との質問に「よくなる」と回答する二〇代は、以下のとおりである。

「政治」:男性一二・一％／女性七・八％(平均は男性七・九％／女性五・三％)。
「経済状況」:男性一九・〇％／女性一八・一％(平均は男性一一・二％／女性九・〇％)。
「人びとの思いやり」:男性一九・〇％／女性二〇・七％(平均は男性一五・〇％／女性一六・三％)。

「公共心」：男性一九・〇％／女性一九・八％（平均は男性一一・六％／女性一三・二％）。

こうした今後の展望をめぐる意識のあり方からは、他の年齢層と比較して若年層では「よくなる」と考える割合が高いことが見て取れる。日本社会の現状を厳しく否定的に評価しながらも、楽観的で肯定的な未来への見通しを抱く若年層の複雑な意識のあり方が、ここにも見て取れる。

複雑な意識

以上、「２０２０年東京オリンピック・パラリンピックに関する世論調査」の結果を検討してきた。そこから明らかになった点を確認しておこう。

第一に、オリンピック開催を「よい」と評価し、大会に「関心がある」と答える層は約八割にのぼる。大多数の人びとは肯定的に受けとめていることが確認できる。

第二に、オリンピックへの関心のあり方には年齢層による差が見て取れる。二〇代、三〇代の若年層は、中高年層と比較して関心は低い。

第三に、関心が総じて低い若年層は、同時になにかしらの期待をもって来るオリンピックを受けとめている。彼ら／彼女らの意識には、独特な両義性が見て取れる。

このようにＮＨＫによる世論調査の結果からは、多様な顔を持つ東京オリンピックを迎え入れる人びとが抱く、複雑でときとして矛盾した意識のあり方が浮かび上がる。だが、そこに全体的な傾向や男女・年齢層による差異は読み取れるものの、より具体的にどのような人が／どのような面で／どのような理由で肯定的に受けとめているかの詳細を知ることはできない。つまり、だれが／なにを／どうして望んでいるのかは、ＮＨＫが公開しているデータだけでは分からないのだ。

以上のように既存調査の有効性と限界を指摘したうえで、次節では筆者らが独自に実施した調査で得られたデータをもとに、二〇二〇年東京オリンピックに対して人びとが持つ意識のあり方、ならびにそれが示す意味について、さらに検討を加えていこう。

3 「日本にとっての意義」の深層
――「東京オリンピックに関する意識調査」の結果から

ここでは筆者らが二〇一九年八月に実施した「東京オリンピックに関する意識調査」[4]の結果に照らして、東京オリンピックを迎え入れる〈わたしたち〉の意識のあり方を考えていこう。

年齢層による差

まず、オリンピックに関する意識と年齢層との関連について言えば、ＮＨＫ世論調査の結果と同様に若年層の関心の低さが確認できる。オリンピックへの関心を尋ねた質問に対して、「関心はない」(「どちらかといえばない」＋「ない」)と答えた者は、二〇代以下で三五・六%、三〇代で三五・九%と、平均の二九・一%をともに上回っている。また、東京大会のテレビ視聴意向については、全体平均で六六・一%が「視聴意向あり」(「視聴するつもりだ」＋「できれば視聴したい」)

と答えているなかで、「視聴意向なし」(「あまり視聴するつもりはない」+「視聴するつもりはない」)と回答した者は、二〇代以下四一・五%、三〇代三九・二%と有意に多い(平均三三・八%)。

この調査では、東京大会をめぐり指摘されてきたさまざまな問題(原発事故の影響への海外からの懸念、新国立競技場建設をはじめとする予算の膨張、招致をめぐる賄賂疑惑、大会開催準備による被災地の人手不足、大会関連施設の維持・管理に要する多額の経費)について、どのくらい知っているかを尋ねた。(5) その結果は、「予算膨張」と「維持・管理費」については約八割が、「賄賂」については約七割が、「原発事故」については約六割が、「人手不足」については約五割が、「知っている」(「よく知っている」+「ある程度知っている」)。

このように多くの人びとはオリンピックをめぐる諸問題を認識しているが、そこには年齢層による差がある。結論を言えば、総じて若年層は中高年層と比較して、これらの問題を「知らない」傾向にある。

この調査結果を見ると、オリンピックにさして関心を抱くことなく、テレビ観戦するつもりもなく、そもそもオリンピックに関してなにが問題とされてきたかも知らないという、若年層の無関心で冷めた姿が浮かび上がるだろう。だが同時に、NHK世論調査の結果と同じく、他方でなにかしらの期待を抱く一面も、調査結果から読み取れる。

オリンピック関連イベントへの参加意向を尋ねた質問の結果は、全体として参加意向は低い(「参加するつもりはない」が四八・一%)。だが、「参加するつもりである」と答えた二〇代以下は五・七%で、他年齢層と比べて有意に多い(平均二・二%)。また、オリンピックが引き起こす経済効果について、二〇代以下の二六・四％が「社会全般に好影響」(平均一七・三％)と答え、景気回復については二〇・七％が「とても影響する」(平均八・五％)と評価している。

さらに、オリンピック開催が社会にもたらす影響について、二〇代以下の一五・一％は「以前より明るく元気になる」について「そう思う」(平均八・三％)と期待を寄せる一方で、二七・九％は「そう思わない」(平均一六・二％)と答えた。また、「日本の現状について考える機運が高まる」との意見については、一九・五％が「そう思う」(平均八・四％)と回答する一方で、二七・六％は「そう思わない」(平均一六・〇％)と考えている。こうした結果から、オリンピックが引き起こす社会的な影響に関して若年層の意見が両極化している様がうかがえる。

若年層を特徴づける両義性は、日本社会の現状評価と未来予測への回答にも表れる。いまの日本社会について、五〇代の半数以上が「さまざまな問題を抱えているが、よい社会である」と肯定的に捉えるのに対して、三〇代の約四割は「さまざまな問題を抱えているので、よい社会ではない」と否定的評価を下す。また、二〇代以下で「それほど問題はないものの、よい社会ではない」と答える者(二五・五％)は、他の年齢層と比較して有意に多い。こうした年齢層による現在の日本社会への評価の違いは、生活満足度を尋ねた質問に対して、二〇代以下で「どちらかといえば不満」、三〇代で「不満」と答える者が有意に多いという結果とも、ある程度整合的である。

日本の今後に関する質問では、二〇代以下／三〇代はともに「日本の未来は暗い」と回答する者(二六・二％／二一・二％、平均一五・七％)が、他の年齢層に比べて有意に多かった。同時に二〇代以下では、どの年齢層よりも「日本社会の未来は明るい」と期待を表明する者も多い(八・

三％、平均五・五％）。先のＮＨＫ世論調査のデータが示した、今後の日本が「よくなる」との回答が若年層では他の年齢層と比べて多かったのと同様に、現在の日本社会に対して若年層が示す一見すると冷めたシニカルな態度の背後に、現在／未来に対する「なにか」への希望とでもいうべき両義的な意識が潜んでいる様が、あらためて確認できる。

最後に、今回の調査で明らかになった興味深い年齢層差について指摘しておく。

調査では、前月のスポーツ経験／観戦について尋ねている。その結果は、「スポーツをよくした人」（「週六〜七回程度」＋「週三〜五回程度」）は、六〇代／七〇代以上では二三・八％／三一・三％であったのに対して、二〇代以下／三〇代では一五・五％／一四・三％であった（平均一七・〇％）。他方、「スポーツをしなかった人」（「まったくしていない」）は、四〇代／五〇代で五七・一％／五六・七％と半数を超える。また、スポーツ観戦について「よく観戦した人」（「ほぼ毎日」＋「週三〜五回程度」）は、六〇代／七〇代以上で二五・四％／三一・三％（平均一七・四％）であったのに対して、「観戦しなかった人」（「まったく観ない」）は二〇代以下／三〇代で四八・八％／四八・三％に上った。

こうしたスポーツ経験・観戦に関する調査結果から、以下の事実が確認できる。

高齢者は自らスポーツに積極的に取り組み、頻繁にスポーツ観戦に興じている一方、若年層はある程度スポーツはしているものの、半数近くはスポーツ観戦をしていない。また、中年層はスポーツ観戦をある程度しているものの、スポーツ実践についてはどの年齢層よりも消極的である。現在の日本のスポーツの実践と観戦を支えているのは、実のところ高齢層なのかもしれない。

男女による差

次に、性差によるオリンピックに関する意識の違いについて見ていこう。オリンピックへの関心について性別による大きな差は見出されないが、女性のほうが「どちらともいえない」と回答する者が有意に多い。

男性と女性とで大きな差が見られるのは、オリンピックに関する情報入手についてである。新聞・雑誌から情報を「よく得ている」男性は一一・八％なのに対して、女性では五・二％である。また、インターネットからの情報は男性の一四・〇％が「よく得ている」のに対して、女性では九・〇％にとどまる。そのほかの手段についても、総じて男性が女性より積極的に情報にアクセスしている様子がうかがえる。

東京大会開催をめぐる評価での性差について言えば、「開催には問題が多い」との意見に女性の四八・二％は「どちらかといえば賛成」なのに対して（男性四一・四％）、男性は二四・四％が「どちらかといえば反対」と答えた（女性一九・九％）。また、オリンピックがもたらす経済効果を、男性は「社会全体に好影響」（二〇・五％）と評価するのに対して（女性一九・九％）、女性は「特定の地域や業界に悪影響」（一七・六％）があることを危惧している（男性一〇・三％）。

オリンピックに対する気持ち／楽しみについて言えば、「ワクワクする」／「元気をもらえる」／「一体感や盛り上がりを感じる」にあてはまる（「あてはまる」＋「まああてはまる」）と答えた者は、全体で五六・〇％／五七・三％／五八・〇％といずれも半数を超えている。だが、男性では

「元気をもらえる」／「一体感や盛り上がりを感じる」に「あてはまらない」と答えた者は、二〇・二％／二〇・五％で、女性（一五・七％／一五・九％）と比較して有意に多い。

以上の結果から、男性は女性よりもオリンピックについてより多くの情報を入手しており、女性ほどに「問題が多い」とは考えておらず、迎える気持ちにおいて女性ほど情緒的な期待を抱くことなく、経済効果を女性より肯定的に評価していることが明らかになった。こうした性差は、日本文化に対する評価にも見て取れる。

「日本の伝統文化に誇りを感じる」に女性の四四・四％が「あてはまる」と答えたのに対して（男性三一・七％）、男性では一六・五％が「あまりあてはまらない」と回答した（女性一〇・三％）。「日本のサブカルチャーに誇りを感じる」についても、男性の二二・七％は「あまりあてはまらない」と答えている（女性一七・七％）。全体として見れば、伝統文化について約八割、サブカルチャーについて約七割と、多くの人びとが日本文化に誇りを抱いている（「あてはまる」＋「まああてはまる」）が、そうした自負は男性と比較して女性がより顕著だ。

他方で、日本の未来について言えば、男性のほうが女性よりも「明るい」と考える者が有意に多い（男性六・九％／女性四・一％）。

また、オリンピックへの評価や関心と関連すると思われる、自らのスポーツとの関わり（実践・観戦）について言えば、スポーツを「週六〜七回程度」している男性は七・九％、女性は三・九％、「まったくしていない」男性は四八・一％、女性は五六・八％であり、スポーツ観戦を「ほぼ毎日」＋「週三〜五回程度」している男性は二一・九％、女性は一三・一％、「まったく観ない」男性は三〇・六％、女性は四三・八％である。このように女性より男性のほうが、より積極的にスポーツに取り組んでいることを調査結果は示している。

地域による差

次に、オリンピックに関する意識の地域による違いについて見ていこう。「東京オリンピックに関する意識調査」では、地域ごとの意識差を探るべく、東京、東北地方、東京以外の関東地方、中部・近畿・中国・四国地方、北海道・九州・沖縄地方の五地域に分けて、サンプルの割付けを行った（それぞれ六〇〇／三〇〇／一〇〇／一〇〇／一〇〇票）。以下では、東京と東北地方の比較を中心に、地域ごとの意識の違いについて考えていこう。

意外に思われるかもしれないが、来る東京オリンピックに対して「関心がない」と答える人は、他の地域と比較して東京居住者に有意に多い（東京二〇・二％、平均一七・九％）。また、大会への賛否についても、10段階評価で0（最大反対）と回答した東京居住者は一二・〇％で有意に多い（平均九・四％）。このことは、同じ質問に対して10（最大賛成）と回答した者（一八・九％）が有意に多い東北地方と対照的である（平均一四・三％）。

同時に、容易に理解できることだが、オリンピックの情報入手について開催地ならではの特徴が見て取れる。「看板・ポスター」によって情報を得ている（「よく得ている」＋「ときどき得ている」）は東京で二八・四％と、ほかの地域と比べて有意に多い（東北地方一七・七％）。逆に、開催地から遠く離れた北海道・九州・沖縄地方では「得ていない」が半数を超え（五四・〇％）、東北地方でも五〇・三％と有意に多い。また、「友人・知人」を介して情報を得ている者は東京で二一・六％と有意に多い（東北地方一一・五％）。

観戦希望については、東京で「できれば観戦したい」が二七・〇％（平均二三・五％）と他地域より有意に多いのに対して、「観戦するつもりはない」は北海道・九州・沖縄地方で六三・七％、東北地方で五八・五％と有意に多い。イベント参加意向については、「参加するつもりはない」と答える東北地方居住者は五五・七％と半数を超えている。

こうした調査結果からは、開催地である東京と「復興オリンピック」というスローガンの対象とされる東北地方とでは、受けとめ方に違いがあることが浮かび上がる。東京では、反対や無関心を表明する人は相対的に多いが、同時に開催地であることからメディアを介してのみならず日常的な生活空間や日々の他者との関わりを通して多くの情報が入ってきており、その意味でオリンピックは身近なものと受けとめられていると考えられる。

それは、オリンピックをめぐる諸問題の認知についてもあてはまる。東京では、予算膨張、賄賂、関連施設の維持をめぐる問題を「よく知っている」人がほかの地域と比べて有意に多い。つまり、東京において反対や無関心の声が挙げられるとしても、それは開催予定地で暮らしているかぎり、嫌がうえでもオリンピックに関する情報に取り囲まれざるを得ないという日常を前提としてのことなのだ。だからこそ、他方でそうした身近な／近くで開催されるオリンピックへの観戦希望は、当然ながらほかの地域と比較して高まっているのだろう。

他方、東北地方は「復興オリンピック」との掛け声のもと、福島が聖火リレーの開始地点に選定され、また野球・ソフトボールの試合会場となるなど、ある意味でオリンピック開催地の一部として位置づけられている。そうした事情もあって、オリンピックは決して他人事ではない。だが、オリンピックに関する情報入手の状況や観戦・イベント参加への意向からは、どこか冷ややかに受けとめている東北地方の人びとの姿が浮かび上がる。オリンピックによる「復興」を前にして、正面から無関心や反対を表明することはなくとも、実際には「東北」が体よく利用されていることを冷静に認識し、オリンピックに乗じたお祭り騒ぎに対して一定の距離を取る姿勢が、そこに見え隠れする。

こうした東北地方での両義的な態度と評価は、オリンピックの意義をめぐる意見にも見て取れる。「大会開催には問題が多い」との意見について、東京では二九・七％が「賛成」と答える(東北地方二四・八％、平均二六・四％)。他方、そうした意見に対して「どちらかといえば反対」が東北地方では二六・四％と有意に多い(東京一九・九％、平均二二・二％)。また、「開催する目的が明確でない」との否定的な意見について、東北地方では「どちらかといえば反対」が四〇・四％(平均三五・〇％)であり、他地域と比較して有意に多い。

こうした結果からは、東北地方ではオリンピック開催それ自体への疑問や批判は比較的少ないことが分かる。だが、先に見たように開催地の一部であるにもかかわらず観戦・イベント参加への意向が低いことを思い起こせば、そこに人びとの複雑な心情を見て取る必要があろう。

そうした東北地方の実情は、現在日本が直面するさまざまな問題への対策において自助・公助・共助のどれが最も重要かを尋ねた質問への回答にも見て取れる。東京では「自助努力」を最重視する者が有意に多い（四七・五％）のに対して、東北地方では有意に少ない（三九・三％）。この結果は、震災・原発事故被害からの日常次元での「復興」が決して個々人の努力だけでは成し遂げられないという厳然たる現実を物語っていよう。

また、生活満足度について、東京では「満足」（八・〇％）が他地域より有意に多いが、東北地方では四・三％と全地域中最も少ない。他方、東北地方での「どちらかといえば不満」（二一・三％）は、中部・近畿・中国・四国地方とともに有意に多い。

こうした日常生活に関する意識のあり方からは、「復興オリンピック」を迎え入れながらも、他方で震災後八年以上が経過しても厳しい日常生活を強いられている被災地の人びとの姿が浮かび上がる。

東京大会開催の意義をどこに見出しているのか

NHK世論調査の結果も示しているように、多くの国民は二〇二〇年東京オリンピックを肯定的に評価し、相応の関心を抱いている。だが、すべての人が同じ程度に賛成し、同様の関心をもって、迎え入れようとしているわけではないだろう。

「東京オリンピックに関する意識調査」では、東京開催について「世界の平和と友好をめざすオリンピック理念に照らして意義がある」と「日本社会にとって意義がある」とのそれぞれの意見に対して、賛成／反対を尋ねている。その結果は、両方の意見に賛成（オリンピック理念・意義あり／日本社会・意義あり）という回答が六六・〇％を占め、両方ともに反対（オリンピック理念・

意義なし／日本社会・意義なし）は一五・七％であった。ここからは、ほぼ三分の二の人びとはオリンピック理念と日本社会の両方にとって東京大会は意義深いと考えており、どちらにも意義を見出さない人は二割に満たないことが分かる。

ここで興味深いのは、オリンピック理念に照らして意義があると考えながらも、日本社会にとって意義はないと答える人（オリンピック理念・意義あり／日本社会・意義なし）が一六・二％にのぼることである。ちなみに「オリンピック理念・意義なし／日本社会・意義あり」との意見は、二・〇％ときわめて少ない。

一方で東京開催をオリンピック理念との関連で肯定的に評価しながらも、他方で必ずしも日本社会にとって意義があるとは考えていないのは、果たしてどのような人たちなのだろうか。そうした人びとのオリンピックへの関心や評価には、ほかの人びとと比較してどのような特徴があるのだろうか。

この東京大会開催に対して複雑な思いを抱く人びとの特性を解明すべく、性別・年齢層などの調査項目との多項ロジット分析を試みた[6]。その結果、「オリンピック理念・意義あり／日本社会・意義なし」層は、「オリンピック理念・意義あり／日本社会・意義あり」層と「オリンピック理念・意義なし／日本社会・意義なし」層と比較して、以下の点で統計的に有意な差があることが明らかになった。

①生活満足度は低い。

②オリンピックをめぐる諸問題についての知識は多い。

③女性が多い。

この結果と対比した際に、全体の六割と多数を占める「オリンピック理念・意義あり／日本社会・意義あり」層の特徴として、次の三つが確認された。

①生活満足度は高い。

②スポーツ観戦頻度が高い。

③男性が多い。

東京大会開催の意義をどこに／なにに見出すのかの違いに注目した以上の分析を通して、そもそも「日本社会に意義がある」と考えるかどうかが、オリンピックに関する意識に大きな影響を与えている可能性が浮かび上がった。そこで次に、「日本社会にとって意義がある」との問いへの回答と東京オリンピックに対する賛成／反対との関連について検討を加えた。

調査では、オリンピックへの賛成／反対を0（反対）から10（賛成）の数値で尋ねている。それぞれのグループでの賛成／反対の平均値は、「オリンピック理念・意義あり／日本社会・意義あり」7・1、「オリンピック理念・意義なし／日本社会・意義あり」6・3、「オリンピック理念・意義あり／日本社会・意義なし」3・7、「オリンピック理念・意義なし／日本社会・意義なし」2・1である。

この結果から、東京オリンピックが「日本社会にとって意義がある」と考える人ほど、大会開催について賛成する度合いが高いことが確認された。逆に、日本で開催することに意義を見出さない人ほど、東京大会に対して反対の姿勢を示している。

それでは、オリンピック開催を「日本社会にとって意義がある」と答える人とは、どのような人たちなのだろうか。その内実を明らかにすべく、重回帰分析を行った[7]。その結果、「東京オリンピック開催は日本社会にとって意義がある」と答える人には、四つの傾向が有意に見られた。

①二〇代と三〇代が(四〇代と五〇代と比較して)多い。
②生活満足度は高い。
③オリンピックをめぐる諸問題についての知識は、多くも少なくもない。
④東京オリンピックへの関心は高い。

ここからは、比較的若年層で、日々の生活は満ち足りており、流行のトピックへの関心が深い、いわゆる「リア充」と呼ばれるような人びとの姿が見えてくるかもしれない。

ところで第1章で検討したように、近年のオリンピックでは開催後に「オリンピック・レガシー」を遺すことが目指されている。それは、開催都市・国家に、単発行事で終わることなく後世へと引き継がれていく財産・遺産を生み出すように求めることにほかならない。その意味で近年のオリンピックは、現在のみならず未来に向けたプロジェクトである。こうしたオリンピックでの未来指向との関連で、東京開催を「日本社会にとって意義がある」と理解する人びとの意識について考えてみよう。

「オリンピック賛成」を支える意識

「東京オリンピックに関する意識調査」では日本社会の未来について、「明るい／どちらかといえば明るい／どちらかといえば暗い／暗い」の四択で尋ねている。その回答結果と「日本社会にとっての意義」との関連をクロス集計で分析したところ、オリンピックを日本にとって「意義あり」と考える人ほど「未来は明るい」と考えており、「意義なし」と捉える人ほど「未来は暗い」と受けとめていることが、有意な差として確認された。

日本にとっての意義を認めてオリンピック開催に賛成する人は、今後の日本について肯定的なイメージを持つ傾向にある。他方で、開催が日本にとって意義があるとは考えない人たちは、日本の未来についてネガティヴなイメージを持ちがちである。こうした傾向は、今の日本社会について「よい／よくない」を尋ねた質問への回答にも共通する。(8)「意義あり」と答える人は現状を「よい」と肯定的に、「意義なし」とみなす人は「よくない」と否定的に捉える傾向にある。このようにオリンピックと日本との関係をめぐる「意義あり派」と「意義なし派」の違いが浮かび上がったのだ。

もとより、一回だけの限られたサンプル数での調査から得られた結果にもとづき、東京オリンピックへの賛否の規定要因について断言的に語ることは慎まねばならない。しかしながら、今回の独自調査を通じて得られた知見＝「発見」として、東京大会開催を「日本社会にとって意義がある」と受けとめるか否かが、東京２０２０オリンピックへの評価や態度に影響を及ぼす要因であることが明らかとなった、とは言えるだろう。

同時に、この「日本社会にとって意義がある」との立場は、必ずしも客観的な事実や多様な情報にもとづくのではなく、どちらかというと各人の印象や感覚に根ざしていると推察される。その根拠は、日本にとって「意義がある」と答える人たちの東京オリンピックをめぐる諸問題への知識は、オリンピック理念を認めながらも日本には「意義がない」と答える人と比較して有意に少ないことを、今回の分析結果は示しているからである。ここからは、招致決定以降の日本社会で生じたオリンピックをめぐる問題や課題について十分な情報と知識を得たうえで、東京大会は「日本社会にとって意義がある」と評価しているわけでは必ずしもないことが見て取れる。

さらに、「意義がある」と考える層は現状を「よい」と肯定し、未来は「明るい」と期待する傾向が強いが、不思議なことに、いまの日本に問題があると考えるかどうかとは関係していないことを、今回の調査結果は示している。[9] 現実社会での具体的問題をどのように認識するかは、オリンピックを「日本にとって意義がある」と考えることに影響していないのだ。

オリンピック開催賛成の背景をなす「日本社会にとって意義がある」との意識の内実を分析することで浮かび上がったのは、第4章で検討した〈わたしたち＝みんな〉の一体感や共感を求めるナショナルなセンチメントの広がりである。たとえ客観的な事実や確たる根拠にもとづかなくとも、東京で開催することに意義があると考える、あるいはそう期待する人が多数を占める。だからこそ、招致レースを繰り広げていた当時からさまざまなスキャンダルや疑惑に見舞われながらも、東京２０２０オリンピックの必要性と正統性が正面から真剣に議論されることはなく、これまで「なんとなく賛成」され続けてきたのではないだろうか。

世論調査で圧倒的多数を占める「オリンピック賛成」を支えているのは、スポーツと平和の祭典を高らかに謳うオリンピック理念への信奉でも、オリンピック特需を目論む経済政策の推進やオリンピックとパラリンピックを契機に多文化共生社会を促進する諸施策への評価でもない。単に「日本社会にとって意義がある」との予感と期待にすぎない。

そうした集合的な感覚と情緒が〈わたしたち〉を担い手として漠然とであれ広範に抱かれ、同時にそのことを通して「日本」に託す〈わたしたち〉自身が承認されるという再帰的な自己アイデンティティのあり方が、そこに見て取れる。それは、近年の日本社会を特徴づける不可思議な「症候」のひとつにほかならない。

4 「ポスト2020」の憂鬱

ここまで見てきたように、「多様な顔」を持つ世紀のメガイベントを迎える〈わたしたち〉は、それぞれに夢や期待を託し、同時にさまざまな疑問や不安を抱いてもいる。オリンピックの迎え入れ方は、決して一様ではない。その意味で、単にオリンピックへの賛否や関心の有無のみを尋ねた世論調査の結果を取り上げて、圧倒的多数の国民は東京大会を歓迎していると喧伝することは、明らかに一面的だろう。

だが同時に、たとえ一部とはいえ反対や無関心の態度を明確に示す人びとの存在に注目し、そこに民主主義社会の健全さを見て取るだけでは、いまの日本の現状を読み解くうえで必ずしも十分とは言えない。なぜなら、「反対か賛成か」という単純明快な二者択一では捉え切れない人びとの複雑な意識の深層に踏み込むことができてはじめて、2020東京オリンピックに向けて、さらにその先へと進もうとしてきた日本社会の自画像になにが描かれているのかを、多少なりとも明らかにできるからだ。ここまでNHK世論調査と独自に実施した意識調査のデータを用いて分析を試みたのは、ひとえにそうした「症候」を浮かび上がらせるためであった。

それでは、オリンピックを迎える〈わたしたち〉の姿を通して、どんな病状が明らかになったのだろうか。それをあえて単純化して言えば、事実とはどこか切り離されたセンチメントに根ざした現状と自己の肯定である。

東京オリンピック開催は日本社会にとって意義があると受けとめる人びとの姿は、厳しい現実を直視したうえで、それを突破する契機と可能性を「2020」に見出そうとする態度とは、ほど遠いように思われる。むしろ反対に、いまの社会と自己自身のあり方を無・批判的に感覚として受け入れられるかぎりで、来るオリンピックに託された「その先の日本」になにかしらの期待と予感を抱くことが可能になる。だからこそ、すでに現在の生活状況に具体的な欠乏や深刻な問題を感じざるを得ない状況に追いやられた人びとは、一方でオリンピックという理念の意義をたとえ認めたとしても、他方で、そのイベントがいまここ＝二〇二〇年のJAPANで開催されることに疑問と違和感を抱くのだろう。

このように考えると、宴の後に訪れる「ポスト2020」の日本の姿は、憂鬱なものに映らざるを得ない。ここで見てきたように、2020東京オリンピックを迎え入れる〈わたしたち〉のあり方自体が、祝祭を契機に変貌や転身を遂げようとするのではなく、むしろ「失われた二〇年」の間に深まった自己愛的で内向きなナショナルな心性に大きく引きずられているとすれば、オリ

世論調査」の結果から―」『放送研究と調査』2017年11月号、２～29ページ。

鶴島瑞穂・斉藤孝信「2020年東京オリンピック・パラリンピックへの期待と意識―「2017年10月東京オリンピック・パラリンピックに関する世論調査」の結果から―」『放送研究と調査』2018年４月号、58～85ページ。

「東京オリムピック縦横座談會」『中央公論』1936年12月号、338～361ページ。

東京市役所『第十二回オリンピック東京大会東京市報告書』『資料　東京オリンピック一九四〇―第十二回オリンピック東京大会東京市報告書―』日本図書センター、2014年。

「東京2020オルタナティブ・オリンピック・プロジェクト」『PLANETS』vol. 9、第二次惑星開発委員会、2015年。

「特集　オリンピックまでの、そしてその後の東京」『都市住宅学』87号、社団法人都市住宅学会、2014年、２～44ページ。

「特集　スポーツの東京」『現代スポーツ評論』19号、創文企画、2008年。

「特集　大規模イベントと都市経営」『都市問題研究』2008年11月号、１～110ページ。

「特集　東京オリンピックがやってくる」『現代スポーツ評論』30号、創文企画、2014年。

「特集「東京オリンピックの80年史」とメディア―3･11以降の現代を逆照射する―」『マス・コミュニケーション研究』86号、日本マス・コミュニケーション学会、2015年、１～80ページ。

「特集　ビッグイベントと不動産経済」『日本不動産学会誌』28巻１号、2014年、29～79ページ。

「特集　返上有理！　2020東京オリンピック徹底批判」『インパクション』194号、2014年。

戸坂潤「オリンピック招致の功罪」『エコノミスト』1936年９月11日号、17～19ページ。

内閣府政府広報室「「東京オリンピック・パラリンピックに関する世論調査」の概要」2015年。

内閣府政府広報室「『外交に関する世論調査』の概要」2019年。

ナオミ・クライン著、幾島幸子・村上由見子訳『ショック・ドクトリン

2019年。

島倉孝之・西村幸夫「国際スポーツイベント開発と都市整備に関する研究—選手村の整備が周辺の郊外部の計画に編入される過程について—」『1996年度第31回日本都市計画学会学術研究論文集』1996年、721〜726ページ。

清水諭「メガ・スポーツイベントの力学—オリンピックと都市東京」井上俊編著『全訂新版 現代文化を学ぶ人のために』世界思想社、2014年、163〜177ページ。

清水諭編著『オリンピック・スタディーズ——複数の経験・複数の政治』せりか書房、2004年。

下村海南「東京オリムピックを乗り越えて」『中央公論』1938年９月号、349〜355ページ。

Shimomura Kainan “Japan Is Preparing to Hold 1940 Games”、鈴木貞美編『『Japan To-day』研究——戦時期『文藝春秋』の海外発信』作品社、2011年、61〜62ページ。

ジュルーズ・ボイコフ著、中島由華訳『オリンピック秘史——120年の覇権と利権』早川書房、2018年。

ジル・ドゥルーズ著、宮林寛訳『記号と事件——1972—1990年の対話』河出書房新社、1996年。

「第12回オリムピック東京開催に関する感想及び各方面への希望と注文」『改造』1936年９月号、296〜301ページ。

大日本體育振興會『聖火は東へ——皇紀二千六百年のオリムピック大會に備へて』目黒書店、1937年。

高岡裕之「大日本体育会の成立——総力戦体制とスポーツ界」坂上康博・高岡裕之編著『幻の東京オリンピックとその時代——戦時期のスポーツ・都市・身体』青弓社、2009年、200〜242ページ。

滝口隆司「東京の五輪招致活動検証—「真の目的」は何だったのか—」『現代スポーツ評論』21号、2009年、160〜163ページ。

武田薫「1940・1964・2020—三つの東京オリンピック考—」『調査情報』507号、2012年、22〜29ページ。

谷口源太郎『オリンピックの終わりの始まり』コモンズ、2019年。

鶴島瑞穂・斉藤孝信「2020年東京オリンピック・パラリンピックへの期待と意識—「2016年10月東京オリンピック・パラリンピックに関する

越澤明『東京都市計画の遺産——防災・復興・オリンピック』ちくま新書、2014年。

小路田泰直・井上洋一・石坂友司編著『〈ニッポン〉のオリンピック——日本はオリンピズムとどう向き合ってきたのか』青弓社、2018年。

小森陽一・高橋哲哉編著『ナショナル・ヒストリーを超えて』東京大学出版会、1998年。

斉藤孝信「2020年東京オリンピック・パラリンピックへの期待と意識—「2018年10月東京オリンピック・パラリンピックに関する世論調査（第４回）」の結果から—」『放送研究と調査』2019年４月号、30〜51ページ。

斉藤孝信「2020年東京オリンピック・パラリンピックへの期待と意識—「2019年７月東京オリンピック・パラリンピックに関する世論調査（第５回）」の結果から—」『放送研究と調査』2020年１月号、２〜25ページ。

坂上康博・高岡裕之編著『幻の東京オリンピックとその時代——戦時期のスポーツ・都市・身体』青弓社、2009年。

鷺田成男「東京へオリンピックが來る迄」『中央公論』1936年９月号、307〜323ページ。

鷺田成男「軍部とスポーツ」『中央公論』1937年３月号、462〜468ページ。

鷺田成男「東京オリムピックに警告す」『中央公論』1937年７月号、169〜181ページ。

鷺田成男「オリムピック人物論」『改造』1937年８月号、179〜187ページ。

鷺田成男「スポーツの秋多端」『中央公論』1937年10月号、189〜195ページ。

鷺田成男「戰爭とオリムピック」『文藝春秋』1937年12月号、270〜276ページ。

鷺田成男「體力總動員と東京五輪大會」『中央公論』1938年５月号、335〜342ページ。

真田久監修『東洋のスポーツの中心地東京——1940年幻の東京オリンピック招致アルバム』極東書店、2018年。

重信幸彦『みんなで戦争——銃後美談と動員のフォークロア』青弓社、

小熊英二「国際環境とナショナリズム――擬似冷戦体制と極右の台頭」小熊英二編『平成史【完全版】』河出書房新社、2019年、559～611ページ。

小澤考人「「虚構の時代」のオリンピック再考」「総特集 見田宗介＝真木悠介――未来の社会学のために」『現代思想』2016年1月臨時増刊号、267～278ページ。

「オリムピック特輯号」『廣告界』1936年。

「オリンピックと日本人～初参加から100年。」『調査情報』507号、2012年、2～48ページ。

開高健『ずばり東京――開高健ルポルタージュ選集』光文社、2007年。

革新都政をつくる会編著『転換点にたつオリンピック――異議あり！2020東京オリンピック・パラリンピック』かもがわブックレット、2014年。

影山健・岡崎勝・水田洋編著『反オリンピック宣言――その神話と犯罪性をつく』風媒社、1981年。

片木篤『オリンピック・シティ――東京1940・1964』河出書房新社、2010年。

香山リカ『ぷちナショナリズム症候群――若者たちのニッポン主義』中公新書ラクレ、2002年。

香山リカ『がちナショナリズム――「愛国者」たちの不安の正体』ちくま新書、2015年。

香山リカ・福田和也『「愛国」問答――これは「ぷちナショナリズム」なのか』中公新書ラクレ、2003年。

川辺謙一『オリンピックと東京改造――交通インフラから読み解く』光文社新書、2018年。

北沢清「オリムピック経済学」『改造』1937年5月号、313～318ページ。

キャス・サンスティーン著、石川幸憲訳『インターネットは民主主義の敵か』毎日新聞社、2003年。

隈研吾『なぜぼくが新国立競技場をつくるのか――建築家・隈研吾の覚悟』日経BP社、2016年。

ケネス・ルオフ著、木村剛久訳『紀元二千六百年――消費と観光のナショナリズム』朝日選書、2010年。

厚生労働省「健康寿命のあり方に関する有識者研究会 報告書」2019年。

学出版会、2019年。

猪瀬直樹『勝ち抜く力――なぜ「チームニッポン」は五輪を招致できたのか』PHPビジネス新書、2013年。

上杉隆『悪いのは誰だ！新国立競技場』扶桑社新書、2015年。

ウルリッヒ・ベック、アンソニー・ギデンズ、スコット・ラッシュ著、松尾精文・小幡正敏・叶堂隆三訳『再帰的近代化――近現代における政治、伝統、美的原理』而立書房、1997年。

岩見良太郎・遠藤哲人『豊洲新市場・オリンピック村開発の「不都合な真実」――東京都政が見えなくしているもの』自治体研究社、2017年。

宇野常寛・萱野稔人ほか『〈ネトウヨ〉化する日本と東アジアの未来』朝日新書、2014年。

NHK放送文化研究所編『現代日本人の意識構造［第九版］』NHK出版、2020年。

エマニュエル・トッド著、堀茂樹訳『シャルリとは誰か？――人種差別と没落する西欧』文春新書、2016年。

エリック・ホブズボーム著、浜林正夫・庄司信・嶋田耕也訳『ナショナリズムの歴史と現在』大月書店、2001年。

老川慶喜編著『東京オリンピックの社会経済史』日本経済評論社、2009年。

大黒岳彦『情報社会の〈哲学〉――グーグル・ビッグデータ・人工知能』勁草書房、2016年。

大澤真幸『不可能性の時代』岩波書店、2008年。

小笠原博毅「反東京オリンピック宣言――あとがきにかえて」小笠原博毅・山本敦久編著『反東京オリンピック宣言』航思社、2016年、249～267ページ。

小笠原博毅・山本敦久編著『反東京オリンピック宣言』航思社、2016年。

小笠原博毅・山本敦久『やっぱりいらない東京オリンピック』岩波ブックレット、2019年。

岡田徹「皇紀二千六百年・東京オリムピックだ　製造家よ小賣商店よ準備は良いか！」『廣告界』1936年10月号、43～45ページ。

小川勝『東京オリンピック――「問題」の核心は何か』集英社新書、2016年。

奥田英朗『オリンピックの身代金』角川書店、2008年。

イーライ・パリサー著、井口耕二訳『閉じこもるインターネット――グーグル・パーソナライズ・民主主義』早川書房、2012年。

石坂友司「東京オリンピックと高度成長の時代」「年報日本現代史」編集委員会編『年報・日本現代史』第14号、現代史料出版、2009年、143～185ページ。

石坂友司『現代オリンピックの発展と危機1940―2020――二度目の東京が目指すもの』人文書院、2018年。

石坂友司・小澤考人編著『オリンピックが生み出す愛国心――スポーツ・ナショナリズムへの視点』かもがわ出版、2015年。

石坂友司・松林秀樹編著『〈オリンピックの遺産〉の社会学――長野オリンピックとその後の十年』青弓社、2013年。

石坂友司・松林秀樹編著『一九六四年東京オリンピックは何を生んだのか』青弓社、2018年。

磯崎新『偶有性操縦法――何が新国立競技場問題を迷走させたのか』青土社、2016年。

板垣鷹穂「一九四〇年と都市美」『文藝』1936年10月号、145～147ページ。

市川宏雄『東京五輪で日本はどこまで復活するのか』メディアファクトリー新書、2013年。

一ノ宮美成＋グループ・K21『2020年東京五輪の黒いカネ』宝島社、2014年。

一色清・姜尚中・佐藤優・上昌広・堤未果・宮台真司・大澤真幸・上野千鶴子『日本の大問題「10年後」を考える――「本と新聞の大学」講義録』集英社新書、2015年。

伊藤昌亮『デモのメディア論――社会運動社会のゆくえ』筑摩書房、2012年。

伊藤昌亮「ネット右翼とは何か」山崎望編著『奇妙なナショナリズムの時代――排外主義に抗して』岩波書店、2015年、29～67ページ。

伊藤守『情動の権力――メディアと共振する身体』せりか書房、2013年。

伊藤守・岡井崇之編著『ニュース空間の社会学――不安と危機をめぐる現代メディア論』世界思想社、2015年。

伊藤守『情動の社会学――ポストメディア時代における〝ミクロ知覚〟の探求』青土社、2017年。

伊藤守編著『コミュニケーション資本主義と〈コモン〉の探求』東京大

【日本語文献】

青沼裕之「イギリス協調外交と東京オリンピック――「自然死」を待つ帝国」坂上康博・高岡裕之編著『幻の東京オリンピックとその時代――戦時期のスポーツ・都市・身体』青弓社、2009年、69～93ページ。

秋山慶幸「オリムピックの危機」『改造』1937年10月号、426～430ページ。

淺野均一「オリムピックで見たナチス」『文藝春秋』1936年11月号、268～271ページ。

阿部潔『彷徨えるナショナリズム――オリエンタリズム／ジャパン／グローバリゼーション』世界思想社、2001年。

阿部潔『スポーツの魅惑とメディアの誘惑――身体／国家のカルチュラル・スタディーズ』世界思想社、2008年。

阿部潔「インタラクティヴィティの神話――監視モードと透明なコミュニケーション」石田英敬・吉見俊哉・マイク・フェザーストン編『メディア都市』東京大学出版会、2015年、311～344ページ。

阿部潔「スポーツ教育における人格陶冶と暴力制御」佐藤卓己編『岩波講座 現代第８巻 学習する社会の明日』岩波書店、2016年、203～228ページ。

安倍晋三『新しい国へ　美しい国へ　完全版』文藝春秋、2013年。

天野恵一編著『君はオリンピックを見たか』社会評論社、1998年。

荒巻央「45年で日本人はどう変わったか―第10回「日本人の意識」調査から―(１)」『放送研究と調査』2019年５月号、２～37ページ。

荒巻央・村田ひろ子・吉澤千和子「45年で日本人はどう変わったか―第10回「日本人の意識」調査から―(２)」『放送研究と調査』2019年６月号、62～82ページ。

アンドリュー・ジンバリスト著、田端優訳『オリンピック経済幻想論――2020年東京五輪で日本が失うもの』ブックマン社、2016年。

アンドルー・ゴードン「消費、生活、娯楽の「貫戦史」」倉沢愛子・杉原達ほか編『岩波講座 アジア・太平洋戦争６ 日常生活の中の総力戦』岩波書店、2006年、123～152ページ。

池田浩士『ボランティアとファシズム――自発性と社会貢献の近現代史』人文書院、2019年。

【著者紹介】

阿部潔（あべ・きよし）

1964年　名古屋市生まれ。
1992年　東京大学大学院社会学研究科単位取得退学。博士（社会学）。
現　在　関西学院大学社会学部教授。
専　攻　社会学、カルチュラル・スタディーズ、メディア／コミュニケーション論。
現代社会における文化と権力の複雑に入り組んだ関係に興味を抱き、日々の具体的な現象や事件を題材にして社会学的な分析に取り組んでいる。
著　書　『監視デフォルト社会――映画テクストで考える』（青弓社、2014年）、『スポーツの魅惑とメディアの誘惑――身体／国家のカルチュラル・スタディーズ』（世界思想社、2008年）、『彷徨えるナショナリズム――オリエンタリズム／ジャパン／グローバリゼーション』（世界思想社、2001年）など。
共編著　『空間管理社会――監視と自由のパラドックス』（新曜社、2006年）など。

東京オリンピックの社会学

二〇二〇年四月二〇日　初版発行

著　者　阿部　潔

発行者　大江正章
発行所　コモンズ
東京都新宿区西早稲田二―一六―一五―五〇三
ＴＥＬ〇三（六二六五）九六一七
ＦＡＸ〇三（六二六五）九六一八
振替　〇〇一一〇―五―四〇〇一二〇
info@commonsonline.co.jp
http://www.commonsonline.co.jp/

印刷・加藤文明社／製本・東京美術紙工
乱丁・落丁はお取り替えいたします。
ISBN 978-4-86187-166-5 C 1036